Anja Nähler

Aktuelle Methoden des E-Recruiting

Potenziale und Risiken aus Sicht der Arbeitgeber und Bewerber

Bibliografische Information der Deutschen Nationalbibliothek:

Die Deutsche Nationalbibliothek verzeichnet diese Publikation in der Deutschen Nationalbibliografie; detaillierte bibliografische Daten sind im Internet über http://dnb.d-nb.de abrufbar.

Impressum:

Copyright © Science Factory 2020

Ein Imprint der GRIN Publishing GmbH, München

Druck und Bindung: Books on Demand GmbH, Norderstedt, Germany

Covergestaltung: GRIN Publishing GmbH

Inhaltsverzeichnis

Abbildungsverzeichnis V

Abkürzungsverzeichnis VI

1 Einführung 1

    1.1 Problemstellung 1

    1.2 Zielsetzung und Aufbau 2

    1.3 Methodisches Vorgehen 3

    1.4 Abgrenzung 3

2 Grundlagen der Personalbeschaffung 5

    2.1 Begriff der Personalbeschaffung 5

    2.2 Personalmarketing und Employer Branding 8

    2.3 Instrumente der traditionellen Personalbeschaffung 11

    2.3.2 Externe Personalbeschaffung 13

    2.4 Kritische Betrachtung der traditionellen Personalbeschaffung 17

    2.4.1 Interne Personalbeschaffung 17

    2.4.2 Externe Personalbeschaffung 19

3 Grundlagen des E-Recruiting 21

    3.1 Begriff und Akzeptanz des E-Recruiting 21

    3.2 Aktuelles zum Thema E-Recruiting 23

    3.3 Begriff des Web 2.0 25

    3.4 Generationen und Zielgruppen auf dem Arbeitsmarkt 26

4 Dimensionen des E-Recruiting 29

    4.1 Kandidatenansprache 29

    4.2 Kandidatenselektion 33

    4.3 Anwendung des E-Recruiting 35

5 Kritische Betrachtung des E-Recruiting 39

    5.1 Chancen 39

    5.2 Risiken 44

6 Schlussbetrachtung 49

    6.1 Analyse der Forschungsfragen 49

    6.2 Handlungsempfehlungen und Ausblick 52

Literaturverzeichnis 56

Quellenverzeichnis 59

Abbildungsverzeichnis

Abb. 1: Phasen der Personalbeschaffung 6

Abb. 2: Schlüsselfaktoren zur Wahrnehmung der Arbeitgebermarke 10

Abb. 3: Leistungsbeziehungen beim Personalleasing 16

Abb. 4: Anteile der in verschiedenen Recruiting-Kanälen veröffentlichten Vakanzen 22

Abb. 5: Top-5 der geeignetsten Recruiting-Kanäle, um einen Job zu finden 23

Abkürzungsverzeichnis

Abb.	Abbildung
Bzw.	Beziehungsweise
CEO	Chief Executive Officer/geschäftsführendes Vorstandsmitglied
CSR	Corporate Social Responsibility
HR	Human Resources
KI	Künstliche Intelligenz
KMU	Kleine und mittlere Unternehmen
u.a.	unter anderem
u.U.	unter Umständen

1 Einführung

In den vergangenen Jahren zeigten sich in Deutschland und der Welt verschiedene Arbeitsmarkt-Trends, welche die Unternehmen und ihre Personalpolitik maßgeblich beeinflusst haben. Die Digitalisierung, der demographische Wandel und ein herrschender Fachkräftemangel in vielen Branchen sind seit langem in aller Munde und nach wie vor präsent, wenn auch in unterschiedlicher Ausprägung. Doch auch die Internationalisierung und eine steigende Ressourcenknappheit erfordern eine gewisse Anpassung der betrieblichen Personalarbeit, die vor allem die zuständigen Personalbeauftragten und Recruiter betrifft, denn je komplexer das technologische und ökonomische Umfeld wird, desto wichtiger wird der Mitarbeiter als Ressource des Unternehmens.

1.1 Problemstellung

Bezugnehmend auf die Einführung ergibt sich folgende Problematik: Den Recrutern fällt es zunehmend schwerer, geeignetes Personal in erforderlicher Qualität und in benötigter Quantität zu beschaffen. Dies bedeutet, dass es eine enorme Herausforderung darstellt, Personal mit entsprechenden Qualifikationen zur richtigen Zeit einzustellen, um so einen optimalen Ablauf betrieblicher Prozesse zu gewährleisten und dadurch im Optimalfall einen Wettbewerbsvorteil zu generieren.

Schaut man sich an, wie potentielle Mitarbeiter aktuell gesucht und angesprochen werden, ist zu erkennen, dass sich die Personalbeschaffung in einem Wandel befindet, welcher vorwiegend geprägt ist von elektronischen Rekrutierungsmaßnahmen und der immer stärkere Trends in Richtung innovativer Rekrutierungstechnologien aufweist. Die Rekrutierung mithilfe des Internets ist bereits in den meisten Firmen zum Alltag geworden und wird aufgrund ihrer Vorzüge sowohl von den Unternehmen praktiziert, als auch von den Kandidaten vorausgesetzt. Fraglich ist jedoch, welche Vor- und Nachteile die internetbasierte Rekrutierung mit sich bringt und welche Handlungsoptionen für die Zukunft entstehen werden.

Aus dem thematischen Kontext ergeben sich folgende Forschungsfragen, die im Verlauf dieser Arbeit geklärt werden sollen:

1. Welche Chancen und Risiken birgt das E-Recruiting aus Sicht der Arbeitgeber sowie Arbeitnehmer?
2. Wird das E-Recruiting potenziell eine substituierende Wirkung auf die traditionelle Personalbeschaffung haben?
3. Welche Maßnahmen müssen Unternehmen ergreifen bzw. verstärkt durchführen, um künftig mithilfe des Internets zu rekrutieren?

1.2 Zielsetzung und Aufbau

Die Zielsetzung dieser Bachelorthesis besteht darin, eine aktuelle Übersicht des E-Recruiting und seiner Kanäle zu geben, diese kritisch zu beleuchten und auf Grundlage dessen Handlungsoptionen und Prognosen bezüglich der internetgestützten Rekrutierung für Unternehmen und Kandidaten zu entwickeln. Insgesamt gliedert sich die Arbeit in 6 Kapitel. Damit die Vor- und Nachteile des E-Recruiting besser herausgestellt werden können, wird dafür ebenfalls die traditionelle, nicht internetgestützte Art des Rekrutierens in die Betrachtung miteinfließen. Dafür werden, nach den rahmengebenden Betrachtungen des ersten Kapitels, im zweiten Kapitel zunächst die Grundlagen der Personalbeschaffung dargelegt. Es sollen zum Zwecke des besseren Gesamtverständnisses grundlegende Begriffe erklärt sowie der Zusammenhang und die Relevanz vom Personalmarketing und Employer Branding erörtert werden. Außerdem werden die Instrumente der traditionellen Personalbeschaffung gezeigt, welche sich der internen Personalbeschaffung und der externen Personalbeschaffung zuordnen lassen. Zum Abschluss des Kapitels wird die traditionelle Personalbeschaffung kritisch betrachtet, indem die Vor- und Nachteile der internen und der externen Personalbeschaffung thematisiert werden.

Das dritte Kapitel ist überwiegend den Grundlagen des E-Recruiting gewidmet. Dort soll der Fachterminus *E-Recruiting* erläutert werden. Anschließend wird die Akzeptanz des E-Recruiting durch die Betrachtung einer bereits erhobenen Studie beleuchtet. Außerdem werden weitere Studien und Expertenmeinungen zum Thema E-Recruiting gezeigt, um aktuelle Sichtweisen zu präsentieren. Darüber hinaus wird der Begriff *Web 2.0* und dessen Relevanz im internetbasierten Rekrutierungsprozess aufgezeigt. Abschließend zu diesem Kapitel wird anhand einer Zielgruppen-Betrachtung analysiert, welche auf dem Arbeitsmarkt befindlichen Kohorten besonders vom internetgestützten Recruiting angesprochen werden.

Das vierte Kapitel soll die Instrumente des E-Recruiting darstellen. Unter dem Oberbegriff Kandidatenansprache werden die Instrumente Social Media, Online

Jobbörsen und virtuelle Karrieremessen analysiert. Weiterhin wird erklärt, was unter dem Begriff *Mobile Recruiting* zu verstehen ist. Als Formen der Kandidatenselektion sollen das E-Assessment, das Robot-Recruiting und Recruiting Games erläutert werden. Zum Abschluss dieses Kapitels wird eine Strategieanalyse des E-Recruiting-Instruments *Social Media* erfolgen, um seine theoretischen Annahmen anhand eines Beispiels aus der Praxis greifbarer zu machen.

Anschließend erfolgt in Kapitel 5 eine kritische Auseinandersetzung mit dem Thema E-Recruiting, wobei die Chancen und etwaigen Risiken aus Sicht der Arbeitgeber und Arbeitnehmer betrachtet werden.

Im letzten Kapitel werden die in 1.1 aufgestellten Forschungsfragen beantwortet, Handlungsoptionen aufgezeigt und ein Ausblick für die Zukunft gegeben.

1.3 Methodisches Vorgehen

In den einzelnen Kapiteln sollen alle Informationen zusammengetragen werden, die essenziell zur Beantwortung der vorab aufgestellten Fragen beitragen, wobei das Vorgehen bezüglich der thematischen Analyse darin besteht, diese Fragen im Rahmen einer Sekundärforschung zu beantworten und darauf basierend Schlussfolgerungen zu ziehen und Prognosen abzuleiten. Um ein Gesamtverständnis zu erzeugen, werden zudem Grundlagen behandelt, die als thematisch relevant befunden wurden. Dafür werden primär Monographien und Sammelwerke verwendet, die sich mit den Themen Personalbeschaffung und E-Recruiting befassen. Zudem werden Artikel aus Fachzeitschriften und relevante Studien herangezogen, um einen aktuellen Wissensstand zu präsentieren. Zur optimalen Visualisierung komplexer Sachverhalte sollen Abbildungen bzw. Grafiken dienen.

1.4 Abgrenzung

Die vorliegende Arbeit beschäftigt sich mit den Begriffen aus der Personalbeschaffung, die im thematischen Kontext der Problemstellung relevant sind. Außerdem befasst sie sich mit den Instrumenten der onlinebasierten Personalbeschaffung. Dabei soll aufgrund der enormen Vielgestaltigkeit der E-Recruiting-Instrumente nicht explizit auf jede existente Form eingegangen werden. Hier werden die bekanntesten bzw. meistgenutzten Instrumente fokussiert, welche im Zuge ihrer kritischen Betrachtung final zur Beantwortung der Forschungsfragen beitragen sollen. In der Betrachtung des E-Recruiting-Prozesses wird dieser in den Phasen der Kandidatenansprache und -selektion analysiert. Die Personalbedarfsplanung sowie die Einstellungsphase des Personals sollen aus Gründen des Umfangs vernachlässigt werden. Die Annahmen in den Kapiteln beziehen sich auf den europäischen Arbeitsmarkt, können jedoch häufig auf den internationalen Markt projiziert werden. Der besseren Lesbarkeit halber wird sich in der vorliegenden Arbeit lediglich auf die männliche Form beschränkt. Gemeint sind natürlich stets alle Geschlechter.

2 Grundlagen der Personalbeschaffung

Dieses Kapitel soll einen Überblick über die theoretischen Grundlagen der Personalbeschaffung liefern. Für ein besseres Verständnis werden deshalb fachspezifische Begrifflichkeiten erläutert. Zu den wichtigsten gehören dabei die Termini *Personalbeschaffung*, *Personalmarketing* und *Employer Branding*, die jeweils mit ihrem entsprechenden Ziel dargelegt werden. Außerdem wird der Personalbeschaffungsprozess in seinen einzelnen Phasen beschrieben und visualisiert. Darüber hinaus werden die Instrumente der internen und externen Personalbeschaffung erläutert, welche das Kapitel mit ihren Vor- und Nachteilen abschließen sollen.

2.1 Begriff der Personalbeschaffung

Um die Arbeitskräfteversorgung im Unternehmen sicherzustellen, müssen Arbeitgeber Personal beschaffen. Bei der Personalbeschaffung handelt es sich um alle Aktivitäten, die darauf abzielen Personal zu gewinnen und entsprechend der benötigten personellen Kapazitäten einzusetzen.[1] Das Beschaffen von Personal wird auch als **Recruiting** bezeichnet. Das Ziel besteht darin, Mitarbeiter in der notwendigen Quantität, mit entsprechenden Kompetenzen und Qualifikationen, am benötigten Arbeitsort, im erforderlichen Zeitraum bzw. Zeitpunkt zur Verfügung zu stellen.[2] Es handelt sich somit um einer der wichtigsten personalwirtschaftlichen Kernaufgaben, um einen reibungslosen Ablauf betrieblicher Prozesse zu generieren.

2.1.1 Personalbeschaffungsprozess

Unternehmen wollen im Prozess der Personalbeschaffung zwei grundlegende, existenzsichernde Bedürfnisse miteinander vereinbaren: Auf der einen Seite muss die Arbeitskräfteversorgung im Unternehmen sichergestellt werden und auf der anderen Seite sollen hohe monetäre Aufwendungen vermieden werden, die durch Fehlbesetzungen entstehen. Um beide Aspekte miteinander zu vereinen, bedarf es einer systematischen Vorgehensweise. Diese kann erreicht werden, wenn der Personalbeschaffungsprozess in den folgenden vier aufeinander aufbauenden Phasen ausgeführt wird:

---

[1] Vgl. Berthel, J./Becker, F. G. 2007, S. 245
[2] Bröckermann, R. 2009, S. 134

Grundlagen der Personalbeschaffung

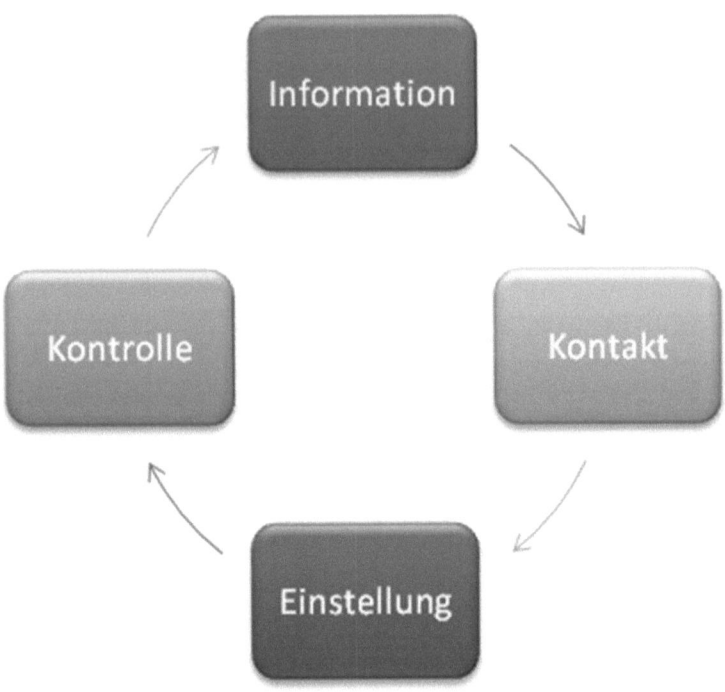

Abb. 1: Phasen der Personalbeschaffung
Quelle: Eigene Darstellung in Anlehnung an Rohrlack, K. 2012, Personalbeschaffung - kompakt, S. 15

2.1.2 Informationsphase

In der Informationsphase geht es für Personalverantwortliche darum, Informationen und Daten zu sammeln, die für die Beschaffung des Personals von Bedeutung sind. Dazu gehören Informationen zum

- Beschaffungsbedarf – Hier wird ermittelt, in welchem quantitativen, qualitativen, zeitlichen und räumlichen Horizont Mitarbeiter benötigt werden.
- Arbeits- und Beschaffungsmarkt – Das Unternehmen stellt sich die Frage, ob es die benötigten Mitarbeiter auf dem internen oder auf dem externen Beschaffungsmarkt suchen möchte.
- Betrieblichen Bedingungsrahmen – Es wird darüber beraten, welches Arbeitsvolumen zu tragen kommt, also ob es sich um eine Voll- oder Teilzeitstelle handeln soll und weiterhin welches Arbeitsentgelt der Mitarbeiter erhalten wird.

- Erfordernis der Beschaffungsarten und Beschaffungswege – Dabei wird sich gefragt, welches Instrument der Personalbeschaffung eingesetzt werden soll, z.B. die Schaltung einer Stellenanzeige o.ä. Maßnahmen.[3]

2.1.3 Kontaktphase

In der Kontaktphase wollen Unternehmen, unter Berücksichtigung zuvor festgelegter Informationen, in Verbindung mit Kandidaten treten. Dies geschieht

- auf direktem oder indirektem Wege
- mit bereits vorhandenen Mitarbeitern oder potenziellen Kandidaten.[4]

Sofern Informationen vorliegen, die relevant sind für die Personalbeschaffung, muss darüber entschieden werden, inwiefern der Kontakt mit den vorhandenen oder potenziellen Mitarbeitern stattfinden soll. Im Rahmen der externen Rekrutierung muss dabei z.B. eine zielgruppenadäquate Ansprache stattfinden, da sich die Bedürfnisse sowie das Nutzungsverhalten der am Arbeitsmarkt existenten Kohorten im Hinblick auf Kommunikationskanäle enorm unterscheiden.

2.1.4 Einstellungsphase

In der Einstellungsphase, auch als Onboarding-Prozess bekannt, hat das Unternehmen zunächst drei Aspekte im Fokus:

- Die Entscheidung über die Personalauswahl muss getroffen werden.
- Die Einstellung soll erfolgen mit abschließender Unterzeichnung des Arbeitsvertrages unter Berücksichtigung der vorher festgelegten Konditionen.
- Der Mitarbeiter soll final eingearbeitet werden.[5]

2.1.5 Kontrollphase

In der Kontrollphase erfolgt eine Prüfung, die zum einen

- prozessorientiert und zum anderen
- ergebnisorientiert ist.[6]

---

[3] Vgl. Rohrlack, K. 2012, S. 15
[4] Vgl. ebd.
[5] Vgl. ebd.
[6] Vgl. ebd.

In der Kontrollphase wird also begutachtet, ob die bisher absolvierten Prozessschritte planmäßig durchgeführt wurden und dies unter Einsatz geeigneter Instrumente stattfand. Außerdem wird überprüft, ob der passende Mitarbeiter gefunden wurde und ob die zuvor festgelegten Anforderungs- und Bewertungsparamater sinnvoll und praktisch umsetzbar sind.

2.2 Personalmarketing und Employer Branding

Damit Unternehmen erfolgreich sein können und in der Lage sind, sich in einer wettbewerbsgeprägten Umwelt durchzusetzen, bedürfen sie eine ausreichende Anzahl an qualifizierten Arbeitnehmern. Da diese angesichts verschiedener Arbeitsmarkt-Trends wie dem demografischen Wandel und einem in vielen Branchen vorherrschenden Fachkräftemangel immer schwerer zu finden sind, müssen Organisationen bestimmte Maßnahmen ergreifen, um adäquate Mitarbeiter ausfindig zu machen und diese im Unternehmen zu halten.

Das **Personalmarketing** verkörpert eine dieser Maßnahmen und ist eine Aufgabe des Personalmanagements, welche aufgrund aktueller sozialer, ökonomischer und technischer Wandlungen für Arbeitgeber unabdingbar ist, um Personal zu akquirieren und an das Unternehmen zu binden.

Dabei ist das Personalmarketing eine operative Maßnahme der Personalbeschaffung zur Rekrutierung von Personal.[7] Das Personalmarketing versteht sich als konzeptionelle Grundlage des Personalmanagements, die sich an den Bedürfnissen und Erwartungen aktueller und potenzieller Arbeitnehmer orientiert.[8] Analog zu anderen Marketingmaßnahmen bedeutet dies, sich in die Lage des Konsumenten zu versetzen, hier der Mitarbeiter, sowie die Belange der entsprechenden Zielgruppe zu verstehen und auf Grundlage dessen personalpolitische Maßnahmen zu ergreifen, um so die Arbeitgeberattraktivität zu erhöhen und die Mitarbeiterbindung zu stärken. Dazu werden u.a. Aktivitäten praktiziert, die den Arbeitgeber als Marke darstellen – Das Employer Branding.

Das **Employer Branding** versteht sich als unterstützende Maßnahme des Personalmarketings. Es beinhaltet alle Aktionen des Unternehmens, welche zur Herausbildung einer Arbeitgebermarke angewandt werden.[9] Das Ziel ist es, eine positive

---

[7] Vgl. Petry, Th./Vaßen, M. 2014, S. 293
[8] Vgl. Scholz, C. 2011, S. 180
[9] Vgl. Stähler, G./Apel, W. 2015, S. 4

Assoziation der aktuellen und potentiellen Arbeitnehmer zu dem Unternehmen zu schaffen, um so das Unternehmen auf dem Arbeitsmarkt zu positionieren und die Attraktivität des Arbeitgebers aus Mitarbeiter- und Bewerbersicht zu erhöhen. Es hat somit eine Innen- sowie Außenwirkung und ist aufgrund jener im Rekrutierungsprozess nunmehr unverzichtbar.[10]

Das Employer Branding zielt außerdem darauf ab, eine möglichst große Schnittmenge der Fremdwahrnehmung, also der Wahrnehmung eines Arbeitgebers durch Mitarbeiter sowie Bewerber, und der Eigenwahrnehmung, also der Wahrnehmung des Arbeitgebers von sich selbst, zu erreichen. Auf diese Weise sollen Mitarbeiter rekrutiert und gehalten werden, die sich gut mit dem Unternehmen identifizieren können.[11]

Um das Employer Branding operationalisierbar zu machen, hat das Unternehmen Randstad, anhand von Befragungen aus mehreren Jahren, zehn Schlüsselfaktoren ermittelt, die die Wahrnehmung der Arbeitgebermarke darstellbar machen sollen. Diese werden durch die Abbildung 2 visualisiert.

---

[10] Vgl. Ullah, M./ Ullah, R. 2015, S. 10
[11] Vgl. Kanning, U. P. 2017, S. 160 ff.

Grundlagen der Personalbeschaffung

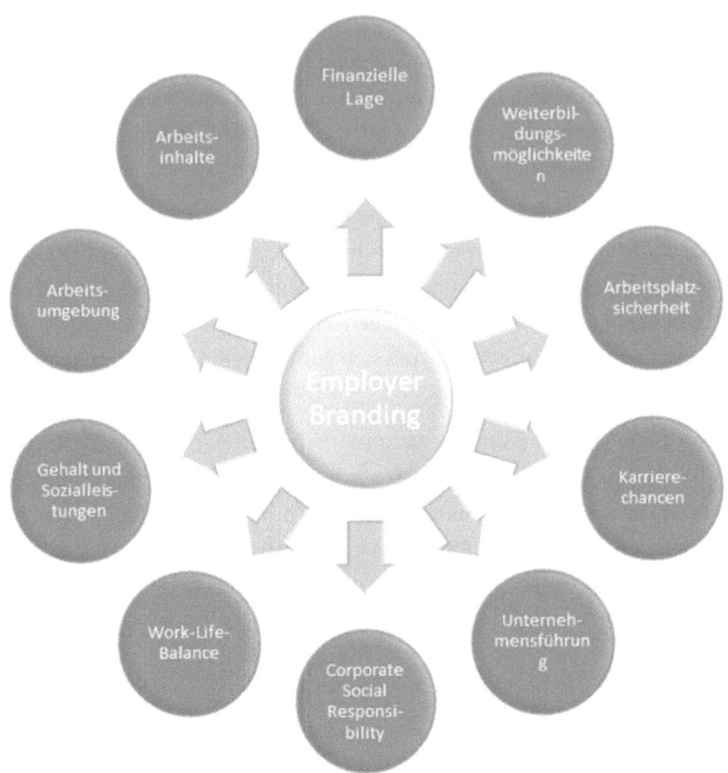

Abb. 2: Schlüsselfaktoren zur Wahrnehmung der Arbeitgebermarke
Quelle: Eigene Darstellung in Anlehnung an Bärmann, F. 2012, Social Media im Personalmanagement, S. 23

Die Abbildung 3 zeigt die wichtigsten Faktoren hinsichtlich der Wahrnehmung des Arbeitgebers als Marke durch die Bewerber. Finanzielle Aspekte spielen dabei insofern eine Rolle, dass Arbeitnehmer zum einen die finanzielle Lage des Unternehmens als wichtig empfinden, was aus zukünftigen Liquiditätsgründen seine Relevanz hat, zum anderen aber auch der Höhe des eigenen Gehaltes und der Sozialleistungen eine gewisse Wichtigkeit zuordnen. Für viele Bewerber ist, neben der finanziellen Komponente, die Möglichkeit zu einer Progression in Form von Weiterbildungsmöglichkeiten und Karrierechancen von Bedeutung. Dabei spielt die Bearbeitung interessanter Arbeitsinhalte eine große Rolle. Faktoren, auf welche die Kandidaten außerdem Wert legen, sind eine Work-Life-Balance, welche der Einklang zwischen Berufs- und Privatleben ist und die Corporate Social Responsibility, kurz CSR. Dabei handelt es sich um die gesellschaftliche Verantwortung eines

Unternehmens. Ansprüche, die den Arbeitsplatz als solches betreffen, stellen hier die Arbeitsplatzsicherheit und das Bedürfnis nach einem angenehmen und anregenden Arbeitsumfeld dar. Darüber hinaus empfinden Mitarbeiter und Bewerber die Unternehmensführung als wichtig.[12]

2.3 Instrumente der traditionellen Personalbeschaffung

Zur Beschaffung geeigneten Personals können sich Unternehmen und ihre Personalbeauftragten auf zwei Beschaffungsmärkten umsehen: Auf dem internen und auf dem externen Markt. Die folgenden beiden Unterpunkte sollen die traditionellen Wege darlegen, mit denen Personal intern sowie extern beschafft werden kann. Dabei sind als traditionelle Personalbeschaffung die Arten des Rekrutierens gemeint, welche nicht onlinebasiert sind, da auf jene in Kapitel 3 ausführlich eingegangen wird.

2.3.1 Interne Personalbeschaffung

Die interne Personalbeschaffung befasst sich mit allen Aktivitäten eines Unternehmens, die darauf abzielen, vakante Stellen durch **bereits im Unternehmen vorhandene** Beschäftigte zu besetzen.[13] Das Ziel ist es dementsprechend, mithilfe verschiedener Instrumente Personal aus betriebseigenen Quellen zur Verfügung zu stellen.

Eine effektive Möglichkeit zur innerbetrieblichen Personalbeschaffung kann die **Weiterentwicklung der Belegschaft** sein. Diese lässt sich sinnvoll in drei Arten einteilen: In die Ausbildung, in die Fortbildung und in die Umschulung.

- **Ausbildung**

Eines der beliebtesten Instrumente zur internen Rekrutierung ist die Vorbereitung von sogenannten **High Potentials** auf künftige Aufgaben. Dies sind ausgewählte Nachwuchskräfte mit tendenziell hohem Leistungspotenzial.[14] Dafür kommen häufig Mitarbeiter aus der betrieblichen **Erstausbildung** in Frage, die nach ihrer Ausbildung intern passende Vakanzen besetzen sollen.

---

[12] Vgl. Bärmann, F. 2012, S. 23
[13] Vgl. Stock-Homburg, R. 2010, S. 150
[14] Vgl. Gmür, M./Thommen, J.-P. 2014, S. 264

Dies hat den Vorteil, dass Nachwuchsfachkräfte von Beginn an durch ihre Ausbilder auf bestimmte Stellen im Unternehmen vorbereitet werden können und ihnen durch die Berufsausbildung die betrieblichen Strukturen bereits bekannt sind.

- **Fortbildung**

Die Fortbildung kann ebenfalls als interne Rekrutierungsmaßnahme genutzt werden. Diese definiert sich als eine berufliche Anpassung von Kenntnissen und Fertigkeiten an die momentanen oder zukünftigen Anforderungen des Arbeitsplatzes. Dabei wird zum einen nach der **Anpassungsfortbildung**, welche eine der Verbesserung der Qualifikationen darstellt und nach der **Aufstiegsfortbildung**, die eine Vermittlung von Führungswissen ist, differenziert.[15]

- **Umschulung**

Eine Umschulung hingegen versteht sich als eine berufliche Neuorientierung. Diese ist besonders dann angemessen, wenn eine Motivation des Mitarbeiters besteht, sein aktuelles Handlungsfeld verändern bzw. umstrukturieren zu wollen und dies durch einen innerbetrieblichen Personalbedarf gerechtfertigt ist. Quelle?

2.3.1.1 Interne Stellenausschreibung

Ein weiteres Instrument der internen Personalbeschaffung ist die interne Stellenausschreibung. Wie die Bezeichnung bereits erkennen lässt, wird dabei innerhalb des Unternehmens nach einer geeigneten Besetzung vakanter Stellen gesucht. Dies bedeutet, dass sich Mitarbeiter, die sich schon im Unternehmen befinden, auf die Stellenausschreibungen bewerben können, welche z.B. am sogenannten "schwarzen Brett" oder auch im Intranet des Unternehmens zu finden sind.

2.3.1.2 Versetzung

Eine weitere Möglichkeit zur internen Personalbeschaffung stellt die Versetzung dar. Diese muss gewisse Tatbestände erfüllen, um als solche anerkannt zu werden. So liegt eine Versetzung erst dann vor, wenn das Aufgabenfeld eines Mitarbeiters mit erheblichen Änderungen verbunden ist. Diese verstehen sich als die Übertragung anderer Aufgaben als bisher, als die Erhöhung bzw. Änderung des zuvor betrauten Verantwortungsbereiches oder als das Stattfinden einer anderen organisa-

---

[15] Vgl. Olfert, K. 2011, S. 65

torischen Einordnung.[16] Diese kann im Zuge dessen geschehen, dass sich ein Mitarbeiter auf die oben erläuterte interne Stellenausschreibung bewirbt.

2.3.2 Externe Personalbeschaffung

Die externe Personalbeschaffung befasst sich mit allen Aktivitäten eines Unternehmens, die zur Gewinnung und zum Einsatz von Mitarbeitern beitragen, die **noch nicht im Unternehmen beschäftigt** sind.[17] Hierbei ist das Ziel, mithilfe verschiedener Instrumente Personal aus betriebsfremden Quellen zur Verfügung zu stellen.

Das Rekrutieren unter Anwendung des Internets zählt zwar ebenfalls zur externen Personalbeschaffung, soll allerdings in diesem Kapitel noch nicht näher beleuchtet werden, da hier der Fokus auf traditionelle, nicht onlinebasierte Arten des Rekrutierens liegt.

2.3.2.1 Externe Stellenanzeigen

Zu einer der üblichen Methoden, Personal extern zu beschaffen, zählt das Schalten von Stellenanzeigen zum Beispiel über Printmedien wie Fach- oder Publikumszeitschriften. Außerdem möglich, wenn auch tendenziell abnehmend, sind regionale oder überregionale Tages- oder Wochenzeitungen und -zeitschriften zur Publizierung vakanter Stellen. Hauptmedium zur Veröffentlichung von Stellenanzeigen ist jedoch das Internet: Dort werden u.a. Plattformen wie soziale Medien, die eigene Unternehmenswebsite und andere verwendet. Auf diese Tools wird in Kapitel 4 ausführlich eingegangen.

Beim Lesen von Stellenanzeigen ist zu erkennen, dass ein inhaltlicher Wandel stattfand. Sie werden mittlerweile nicht mehr als reine Anforderungsprofile gestaltet, sondern enthalten diverse Informationen der suchenden Organisation.[18] So wird zunächst der Arbeitgeber vorgestellt und es werden zum Beispiel vom Unternehmen gebotene Benefits hervorgehoben, um potenzielle Bewerber anzusprechen und offensive Maßnahmen zum Employer Branding durchzuführen.

---

[16] Vgl. ebd.
[17] Vgl. Stock-Homburg, R. 2010, S. 153
[18] Vgl. Gmür, M./Thommen, J.-P. 2014, S. 267

2.3.2.2 Abwerbung von Kandidaten

Neben dem Schalten von öffentlichen Stellenanzeigen können Unternehmen Kandidaten abwerben, um Mitarbeiter zu beschaffen. Bei der Abwerbung werden Kandidaten, die sich in anderen Organisationen innerhalb eines Arbeitsverhältnisses befinden, aktiv angesprochen.[19] Dies geschieht beispielsweise auf Jobmessen o.ä. Veranstaltungen, bei denen die Kandidaten bereits kommunizieren, dass sie sich auf dem Arbeitsmarkt umschauen. Ziel der Abwerbung ist es für Arbeitgeber, mithilfe attraktiver Stellenangebote und Benefits, Kandidaten dazu zu bewegen, ihr Arbeitsumfeld zu wechseln. Die Abwerbung ist für Arbeitgeber vor allem dann attraktiv, wenn es um die Besetzung von Vakanzen in Führungsebenen oder sonstigen Stellen geht, die ein spezielles Know-How erfordern und deshalb oft eine geringe Bewerberquote aufweisen. Der Vorteil dabei ist, dass die Arbeitnehmer bereits in einem aktiven Arbeitsverhältnis stehen und unterdessen meist genau die Tätigkeiten praktizieren, die denen der vakanten Stelle im Unternehmen entsprechen.

2.3.2.3 Networking

Beim Networking, dem Netzwerken oder auch Kontakte knüpfen, schaffen sich für Unternehmen unterschiedliche Wege zur Rekrutierung von Personal. Viele Unternehmen pflegen **Nachwuchskräftepools** aufgrund des internen Rekrutierungspotenzials ihrer Auszubildenden, um eventuell später bzw. nach einer Erhöhung der Qualifikationen auf diese Mitarbeiter zurückgreifen zu können, sofern sie am Ende ihrer Ausbildung noch nicht auf vakante Stellen passen oder zu diesem Zeitpunkt keine freien Stellen vorhanden sind und somit nicht intern rekrutiert werden kann.[20] Analog zu Nachwuchskräftepools legen sich Unternehmen Bewerberpools an, um so Kontakte vorausschauend für die Zukunft in ihrem Netzwerk zu halten. Diese Kontakte entstehen beispielsweise dadurch, dass Unternehmen im Rahmen von Kontakt-, Fach- oder Hochschulmessen das Gespräch mit Kandidaten suchen, um dort potenzielle Kandidaten für ihr Unternehmen zu identifizieren, welche für aktuelle bzw. zukünftige vakante Stellen in Frage kommen und diese von sich als Arbeitgeber überzeugen.

---

[19] Olfert, K. 2011 S. 65/66
[20] Vgl. Gmür, M./Thommen, J.-P. 2014, S. 264

2.3.2.4 Agentur für Arbeit

Die Arbeitsvermittlung über die Agentur für Arbeit ist eine hilfreiche Maßnahme zur externen Personalbeschaffung. Die Leistung der Arbeitsagentur ist unentgeltlich. Dabei hilft sie den Unternehmen nicht nur in Form einer Arbeitsmarktberatung, Ausbildungs- und Arbeitsstellen zu besetzen. Sie fungiert außerdem als Informant über die aktuelle Lage und Entwicklung des Arbeitsmarktes und der Berufe und klärt über die Arbeitsplatzgestaltung, Arbeitsbedingungen und Aus- bzw. Weiterbildungsmöglichkeiten auf, die sich für Arbeitnehmer bieten.[21] Demnach kann die Agentur für Arbeit eine Hilfestellung leisten, die sich über den gesamten Personalbeschaffungsprozess erstreckt.

2.3.2.5 Personalberatung

Eine weitere Möglichkeit zur Nutzung des externen Beschaffungsmarktes ist die Personalberatung. Organisationen nehmen die Dienstleistung von Personalberatungsfirmen in Anspruch und verlagern somit personalwirtschaftliche Aufgaben auf diese Firmen, um sich auf andere Kernaufgaben konzentrieren zu können. Das Dienstleistungsprofil besagter Personalberatungsfirmen kann sich wie folgt darstellen:[22]

- Erarbeitung eines Anforderungsprofils sowie der organisatorischen Einordnung der Stelle
- Formulierung sowie Gestaltung einer aussagekräftigen Anzeige
- Direktansprache potenziell geeigneter Kandidaten
- Telefonischer Erstkontakt mit den Kandidaten
- Durchsicht der Bewerbungsunterlagen
- Durchführung und Auswertung von Bewerbungsgesprächen
- Auswertung der Ergebnisse mit dem Auftraggeber
- Vorstellen ausgewählter Bewerber beim Auftraggeber
- Mitwirkung und Unterstützung beim Vorstellungsgespräch
- Beratung hinsichtlich der Entscheidung sowie der Anstellungsbedingungen
- Nachbetreuung des Auftraggebers und des Kandidaten

---

[21] Dincher, R. 2013, S. 27
[22] Vgl. ebd.

2.3.2.6 Personalleasing

Das Personalleasing ist ein externer Beschaffungsweg, der für Unternehmen immer mehr an Bedeutung gewinnt. Dabei handelt es sich um eine Arbeitnehmerüberlassung, bei der es drei Akteure gibt: Den Verleiher, den Entleiher und den Leiharbeitnehmer. Hierbei wird der Terminus *Personalleasing* synonym mit den Begriffen Fremd- bzw. Zeitarbeit verwendet. Das Ziel des Personalleasing ist es, den Personalbedarf von Unternehmen zu decken. Laut dem Arbeitnehmerüberlassungsgesetz, kurz AÜG, dürfen Leiharbeitnehmer für diese Bedarfsdeckung unbegrenzt herangezogen werden.[23] Die Abbildung 3 soll die Leistungsbeziehungen zwischen den Personalleasing-Akteuren visualisieren.

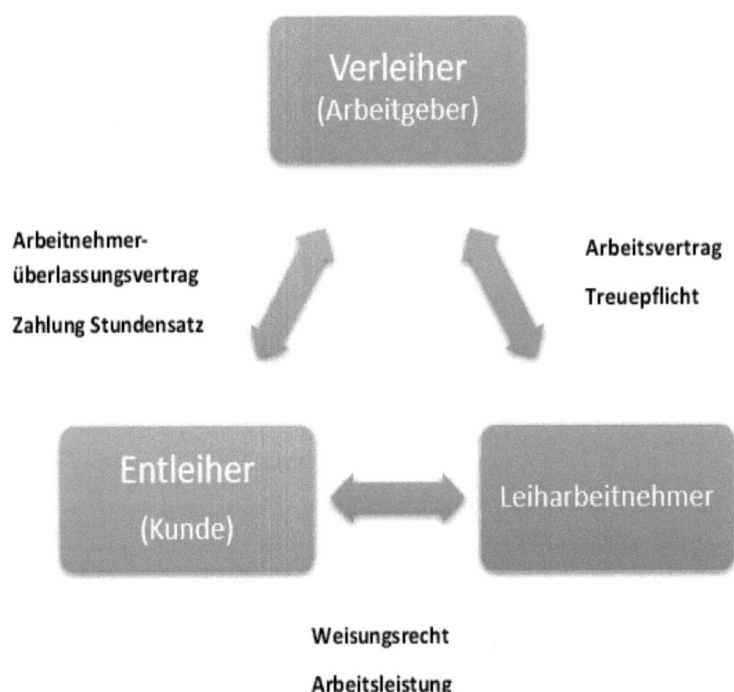

Abb. 3: Leistungsbeziehungen beim Personalleasing
Quelle: Eigene Darstellung in Anlehnung an Rohrlack, K. 2012, Personalbeschaffung - kompakt, S. 82

---

[23] Vgl. Jung, H. 2011, S. 144

Wie in der Abbildung 3 zu erkennen ist, existiert ein Dreiecksverhältnis in der Arbeitnehmerüberlassung. Dabei sind die Akteure einander verpflichtet. Diese Verpflichtung resultiert aus einer vertraglichen Vereinbarung.

So schließen die Zeitarbeitsfirma, die als Arbeitgeber agiert, und der Leiharbeitnehmer einen Arbeitsvertrag miteinander, aus dem ein **Lohn- oder Gehaltsanspruch** auf Arbeitnehmerseite begründet wird. Dafür hat der Leiharbeitnehmer eine **Treuepflicht** gegenüber seinem Arbeitgeber zu erfüllen. Diese besagt, dass er die Interessen seines Arbeitgebers wahrnehmen soll.[24]

Weiterhin stellt der Verleiher einem Unternehmen, das als Entleiher und somit als Kunde agiert, den Leiharbeiter für eine bestimmte Zeit zur Verfügung und bekommt aufgrund dessen ein **Entgelt**. Die Konditionen, zu denen dies geschieht, sind im **Arbeitnehmerüberlassungsvertrag** festgehalten. Zwischen dem Leiharbeitnehmer und dem Entleiher besteht zwar keine direkte vertragliche Bindung, dennoch hat der Entleiher ein **Weisungsrecht** gegenüber dem Leiharbeitnehmer, während dieser dem Entleiher seine **Arbeitsleistung** zur Verfügung stellt.[25]

2.4 Kritische Betrachtung der traditionellen Personalbeschaffung

Die Methoden der traditionellen Personalbeschaffung sind mit vielen Vorteilen, ebenfalls aber mit Nachteilen verbunden. Wie in allen Prozessen gilt es, auch die Personalbeschaffungsprozesse und ihre Instrumente kritisch zu beleuchten, um so diejenigen Beschaffungsarten und -wege zu identifizieren, welche in Anbetracht der Unternehmensziele für die Organisation am sinnvollsten sind.

2.4.1 Interne Personalbeschaffung

Es ergeben sich etwaige **Vorteile** aus der Bereitstellung des Personals von internen Beschaffungsmärkten.

So bietet sich z.B. eine Möglichkeit zur **Bindung von Mitarbeitern,** da diese Aufstiegsmöglichkeiten in Aussicht gestellt bekommen, sofern betriebsintern rekrutiert wird.[26] Dies schafft Leistungsanreize für Arbeitnehmer, erhöht die Arbeitgeberattraktivität und kann dadurch die Fluktuation im Unternehmen verringern.

---

[24] Vgl. Rohrlack, K. 2012, S. 81
[25] Vgl. ebd.
[26] Vgl. Stock-Homburg, R. 2010, S. 151

Entwicklungsmöglichkeiten wirken sich außerdem positiv auf die Mitarbeitermotivation aus und tragen zu einer transparenten Personalpolitik bei.

Darüber hinaus hat die interne Personalbeschaffung ein großes **Kosten- und Zeiteinsparungspotenzial.** Bereits im Unternehmen vorhandene Mitarbeiter werden schneller beschafft und sozialisiert und benötigen häufig eine geringere Einarbeitungszeit. Außerdem werden Mitarbeiter, deren Kenntnisse und Erfahrungen dem Unternehmen bereits bekannt sind, weniger häufig fehlbesetzt. Dies spart den hohen Kosten- und Zeitaufwand, welcher aus erneuter Rekrutierung und entsprechend notwendigen Onboarding-Prozessen, also dem Eingliederungsprozess für Mitarbeiter, resultiert.[27] Zu bedenken ist dabei, dass eine Fehlbesetzung gerade bei Führungskräften mit erheblichen, teilweise **existenzgefährdenden Konsequenzen** einhergeht. Zudem kann unternehmensspezifisches **Wissen gesichert und erhalten** werden, was ebenfalls zur Folge hat, dass die Einarbeitungszeit in vielen Fällen drastisch reduziert wird.[28]

Neben den Vorteilen, die eine interne Personalbeschaffung mit sich bringt, hat diese auch einige **Nachteile.**

Der Begriff, welcher im Kontext des internen Beschaffungsmarktes am häufigsten zu lesen ist, ist die **Betriebsblindheit.** Werden Mitarbeiter aus dem Unternehmen über einen langen Zeitraum beschäftigt, besteht die Gefahr, betriebliche Prozesse zu routiniert abzuwickeln, da Impulse aus anderen Betrieben fehlen. Dadurch kann es passieren, dass prozessrelevante Veränderungen, die enorm zur Effizienz bzw. zur Effektivität beitragen könnten, nicht erkannt werden, da der bisher ausgeführte Ablauf vom Mitarbeiter als zielführend gesehen und weiterhin mit Verzicht auf Reflektion ausgeführt wird.

Des Weiteren entsteht die Problematik einer **geringeren Auswahlmöglichkeit.**[29] Schaut sich die Personalabteilung lediglich im eigenen Betrieb nach geeigneten Fachkräften um, hat sie weniger Mitarbeiter zur Auswahl als auf dem externen Beschaffungsmarkt.

---

[27] Vgl. Jung, H. 2011, S. 152
[28] Vgl. ebd.
[29] Vgl. Scholz, C. 2011, S. 176 ff

Weiterhin ist zu bedenken, dass bei einer internen Besetzung vakanter Stellen ein **Personalbedarf an anderer Stelle** entsteht.[30] Demnach entwickeln sich **zeitliche und monetäre Aufwendungen** für die Besetzung der Stelle, von welcher der Mitarbeiter im Falle einer internen Umbesetzung abgezogen wurde.

Tendenziell müssen Unternehmen mit **höheren Gehaltskosten** rechnen, sofern sie intern rekrutieren. Sie müssen außerdem einplanen, dass für **Wissenserweiterungen bzw. -vertiefungen** ebenfalls Kosten anfallen können.[31]

Zudem kann die Rekrutierung über den internen Beschaffungsmarkt ein **Konkurrenzdenken** auslösen und somit Spannungen zwischen den Kollegen fördern, was das **Betriebsklima beeinträchtigt**.

2.4.2 Externe Personalbeschaffung

Durch die Rekrutierung von externem Personal ergeben sich etwaige Vorteile. Betrachtet man die Nachteile der internen Personalbeschaffung, so kann man die Vorteile der externen Rekrutierung erkennen.

Demnach können Unternehmen durch Mitarbeiter, die aus anderen Betrieben neue Impulse einbringen, eine **Betriebsblindheit vermeiden.** Dass eine **größere Auswahlmöglichkeit** an potenziellen Mitarbeitern besteht, ist ein weiterer Umkehrschluss. Außerdem entsteht **kein neuer Personalbedarf**, der durch die interne Besetzung einer Stelle entstünde. Weiterhin kann eine externe Personalbeschaffung das **Betriebsklima positiv beeinflussen,** weil Konkurrenzdenken innerhalb der Belegschaft reduziert wird.

Neben den Vorteilen, die eine Personalbeschaffung betriebsfremder Arbeitnehmer mit sich bringt, gibt diese auch Nachteile zu bedenken. Die Nachteile der externen Personalbeschaffung korrelieren in der Regel gegenläufig zu den Vorteilen der internen.[32] Dabei ist in erster Linie der **hohe Zeit- und Kostenfaktor** zu erwähnen, welcher als Vorteil in der internen Personalbeschaffung thematisiert wurde. Dieser entsteht vor allem durch die Planung und Durchführung externer Employer Branding-Maßnahmen, durch die Kandidatenansprache über verschiedene Kanäle wie Jobmessen, Social Media und durch einen längeren Onboarding-Prozess. Zudem ist die **Gefahr einer Fehlbesetzung** signifikant höher als bei der Beschaffung

---

[30] Vgl. Jung, H. 2011, S. 152
[31] Vgl. ebd.
[32] Vgl. Scholz, C. 2011, S. 176 ff

über den internen Kandidatenmarkt. Neben den monetären und zeitlichen Aspekten spielen auch soziale Gesichtspunkte eine Rolle: Mitarbeiter, welche schon länger im Unternehmen sind, können durch die Besetzung einer Stelle durch externe Mitarbeiter erheblich **demotiviert** werden, da sie keinen Leistungsanreiz aufgrund von Aufstiegschancen haben. Darüber hinaus besteht die Gefahr, dass **unternehmensspezifisches Wissen lückenhaft** wird oder gar **verloren** geht, wenn dauerhaft auf die externe Personalbeschaffung zurückgegriffen wird.

3 Grundlagen des E-Recruiting

Das Rekrutieren mithilfe des Internets ist in der Welt des Personalmanagements nunmehr keine Neuheit. Dennoch soll in diesem Kapitel zunächst geklärt werden, was konkret unter dem Begriff *E-Recruiting* zu verstehen ist. Außerdem wird dargestellt, inwieweit das E-Recruiting seitens der Arbeitgeber Akzeptanz findet und wie Arbeitnehmer zu dieser Art des Recruiting stehen. Darüber hinaus soll skizziert werden, welche Arbeitsmarkt-Trends relevant sind für die Entwicklung und Nutzung des E-Recruiting und inwieweit dabei eine bestimmte Zielgruppenansprache ihre Bedeutung hat. Worum es sich beim Web 2.0 handelt und welche Relevanz dieses bezüglich der onlinebasierten Rekrutierung aufweist, wird ebenfalls aufgegriffen.

3.1 Begriff und Akzeptanz des E-Recruiting

Unter dem Begriff E-Recruiting sind alle **Maßnahmen** im Prozess der Personalbeschaffung zu verstehen, die mithilfe **elektronischer Medien** ausgeführt werden.[33] Es handelt sich um die Bearbeitung von Aufgaben in der Personalbeschaffung. Diese Art der Bearbeitung ist räumlich getrennt und technisch vernetzt sowie technisch unterstützt.[34] In der Literatur finden sich neben der Bezeichnung E-Recruiting die Begriffe E-Recruitment, E-Cruiting und E-Cruitment, welche jedoch synonym verwendet werden. Fraglich ist jedoch, inwieweit das E-Recruiting Akzeptanz seitens der Arbeitgeber und -nehmer findet. Um einen Eindruck davon zu bekommen, wird eine aktuelle Studie betrachtet:

Seit 17 Jahren führt das Centre of Human Resources Information Systems (CHRIS) der Universität Bamberg und die Friedrich-Alexander-Universität Erlangen-Nürnberg im Auftrag der Monster Worldwide Deutschland GmbH jährlich Umfragen zum Thema Recruiting-Trends durch. So auch im Jahr 2019. An dieser Studie nahmen zum einen die Top-1000-Unternehmen Deutschlands und zum anderen über 3.300 Kandidaten Teil.

Wie die folgenden Abbildungen zeigen, lieferte die Studie zum Thema Recruiting-Trends 2019 das Ergebnis, dass eine enorme Akzeptanz des E-Recruiting bzw. seiner Kanäle seitens der Arbeitgeber und Bewerber vorhanden ist.

---

[33] Vgl. Rohrlack 2012, S. 10
[34] Vgl. Scholz 2010, S. 265

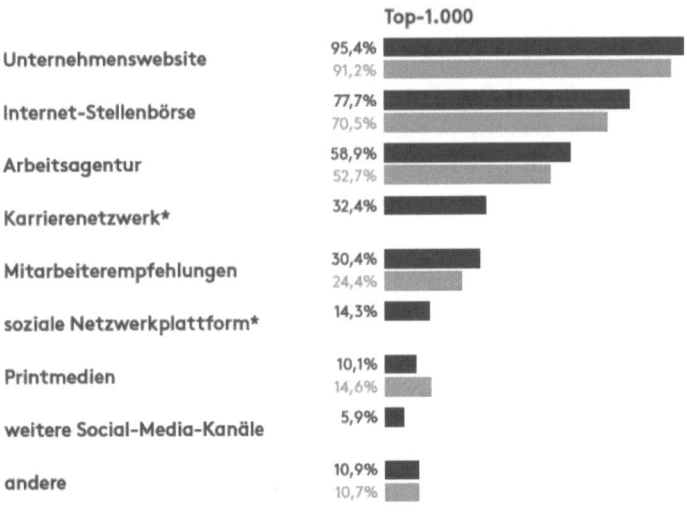

Abb. 4: Anteile der in verschiedenen Recruiting-Kanälen veröffentlichten Vakanzen
Quelle: https://www.uni-bamberg.de/isdl/transfer/e-recruiting/recruiting-trends/recruiting-trends-2019/

Die Abbildung 4 visualisiert die Nutzungspräferenzen von Unternehmen hinsichtlich der Kanäle zur Veröffentlichung vakanter Stellen. Dabei steht die jeweils obere Prozentangabe für die Ergebnisse aus 2018 und die untere für den Vergleichswert aus 2013.

Mit derzeit 95,4 Prozent stellt die **Unternehmenswebsite** den am häufigsten verwendeten Kanal zum Propagieren offener Vakanzen dar, dicht gefolgt von der **Online-Stellenböse** mit 77,7 Prozent. **Karrierenetzwerke** sind mit 32,4 Prozent ebenfalls gern genutzte Plattformen, um Stellen zu schalten und somit Personal zu rekrutieren.

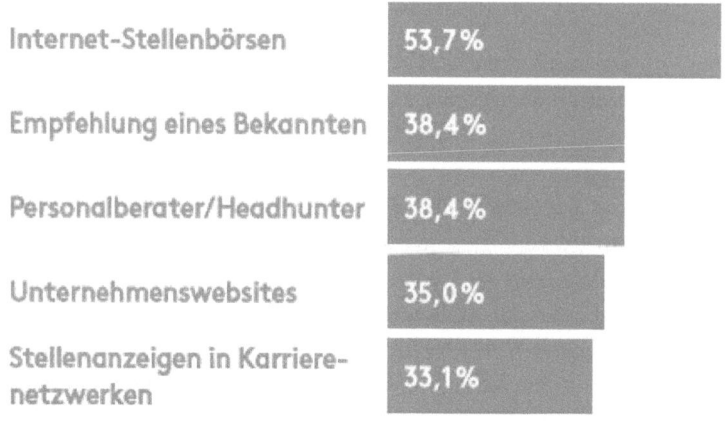

Abb. 5: Top-5 der geeignetsten Recruiting-Kanäle, um einen Job zu finden
Quelle: https://www.uni-bamberg.de/isdl/transfer/e-recruiting/recruiting-trends/recruiting-trends-2019/

In Abbildung 5 ist zu sehen, über welchen Kanal die Kandidaten am häufigsten nach Jobs und Arbeitgebern suchen. Mit 53,7 Prozent suchen mehr als die Hälfte der Befragten in **Internet-Stellenbörsen**. **Personalberater bzw. Headhunter,** welche zumeist über das Internet zu finden sind und auch über dieses Medium agieren, sind mit 38,4 Prozent vertreten. Die **Unternehmenswebsites** sind mit 35 Prozent und die **Stellenanzeigen in Karrierenetzwerken** mit 33,1 Prozent tendenziell sehr stark im Nutzungsverhalten zu erkennen und stellen damit nachweislich einen effektiven E-Recruiting-Kanal dar.

3.2 Aktuelles zum Thema E-Recruiting

Die Personal- und Organisationsberatung *Korn Ferry* präsentiert im Fachmagazin *Personalführung* die Ergebnisse ihrer Umfrage unter 600 HR- und Personalexperten weltweit. Eines der Resultate ist, dass lediglich ein Viertel der Befragten die Einstellungen von Fach- und Führungskräften über einen längeren Zeitraum als ein Jahr plant. 40 Prozent geben dabei einen sechsmonatigen oder kürzeren Zeitraum an. Ein Grund dafür ist es, dass 22 Prozent der Befragten angeben, nicht ausreichend über die langfristigen Ziele des eigenen Unternehmens aufgeklärt zu sein. Außerdem sei ein Problem, dass Talent-Searcher häufig erst dann eingeschaltet werden, wenn das Management und die Fachabteilung eine Rolle definiert und einen konkreten Suchauftrag kreiert haben.[35]

Der Softwarehersteller *Saba Lumesse* befragte im Rahmen einer Untersuchung 136 europäische und nordamerikanische Unternehmen zu Entwicklungen und Technologietrends im Recruiting. In dieser Studie ist zu erkennen, dass Unternehmen die Anforderungen von Kandidaten zunehmend in den Vordergrund ihres Recruitingprozesses legen. Außerdem wollen rund drei Viertel der Befragten verstärkt in moderne Recruitingtechnologien investieren, um ihre Mitarbeitergewinnung zu verbessern. Weiterhin zeigt die Studie, analog zur in 3.1 betrachteten, dass viele Unternehmen weiterhin auf altbekannte digitale Kanäle zur Mitarbeiterakquisition setzen. So gaben 89 bzw. 85 Prozent der Befragten an, ihr Unternehmen nutze Jobbörsen wie Indeed oder die eigene Website. Aufgrund der Digitalisierung verschieben sich diese Trends allerdings in Richtung innovativerer Technologien, was sich in der Nutzung der sozialen Netzwerke äußert, die mit 76 Prozent vertreten sind. Darüber hinaus wurde erfragt, was Unternehmen im Recruiting besonders wichtig sei. Jeweils mehr als die Hälfte der europäischen und nordamerikanischen Unternehmen äußerten dabei, dass Reaktionsschnelligkeit und Kandidatenmanagement bei der Gewinnung von Mitarbeitern am wichtigsten seien.

Dagegen weist ein Zeitersparnis für fast die Hälfte der Studienteilnehmer eine untergeordnete Rolle auf, wohingegen die Kandidatenbedürfnisse für die Mehrheit der Unternehmen an erster Stelle steht, während Finanzüberlegungen zweitrangig sind. Innovative Technologien, wie Machine Learning oder Künstliche Intelligenz, werden derzeit von Unternehmen nur vorsichtig eingesetzt, wobei 74 Prozent der Befragten künftig in eben solche investieren wollen, um ihre Rekrutierungsverfahren zu verbessern. Dass immer mehr Kunden ein Investment in innovative Recruitingtechnologien als sinnvollen und wichtigen nächsten Schritt zur Optimierung ihres Recruiting erachten, ist die Expertenmeinung von Peter Wiedemann, CEO Talent Acquisition bei Saba Lumesse. Eine dieser Technologien ist die Künstliche Intelligenz. drei Viertel der Studienteilnehmer nehmen diese als Unterstützung im Recruitingprozess wahr. Eine weitere Expertenmeinung sagt jedoch, dass "erst Menschlichkeit, persönliche Interaktion und Fingerspitzengefühl es Unternehmen ermöglichen, die geleistete Vorarbeit durch innovative Technologien richtig zu

---

[35] Lehnen, C./Siemann, C.: Wie Sie die begehrtesten Köpfe gewinnen und binden, in: Personalwirtschaft 04/2019, S. 23-37

nutzen", so Christian Förg von Saba Software.[36] Die Personalmarketing-Verantwortliche der AMEOS Gruppe Zürich, Rosa Dannecker, erzählt in einem Artikel des Fachmagazins Personalführung von ihren Erfahrungen im Bereich Personalmarketing und Recruiting. Sie äußert sich dahingehend, dass Unternehmen an diversen Stellschrauben drehen müssen, um sich bei potenziellen Mitarbeitenden gut zu platzieren. Darunter fallen beispielsweise eine gute interne und externe Kommunikation, eine medienunabhängige attraktive Darstellung und die Gestaltung einer kurzen, professionellen Candidate Journey, also aller Kontaktpunkte zwischen Kandidaten und Arbeitgebern während des Rekrutierungsprozesses. Weiterhin wird davon ausgegangen, dass Unternehmen und somit die Arbeitgebermarke gegenüber potenziellen, aber auch aktuellen Mitarbeitern so darzustellen ist, dass eine Begeisterung entsteht, sofern der Name des Unternehmens fällt. Außerdem seien Anstrengungen im Personalmarketing grundsätzlich auf alle Mitarbeiter auszurichten und eine generationsübergreifende Zusammenarbeit zu gestalten, um so vom Wissen und den Affinitäten jeder Generation profitieren zu können. Außerdem sollte eine Unterscheidung bei der Gestaltung von Stellenanzeigen umgesetzt werden, indem z.B. die Vorteile des Unternehmens, also das, was die potenziellen Mitarbeiter als Attraktivitätsmerkmale wahrnehmen sollen, zielgruppenspezifisch formuliert werden, so Rosa Dannecker.

3.3 Begriff des Web 2.0

Unter dem Begriff Web 2.0 versteht man die Bandbreite digitaler Medien und Technologien, die ihren Usern die Möglichkeit bieten, sich untereinander auszutauschen, Erfahrungen zu teilen und sich an der Gestaltung medialer Inhalte zu beteiligen.[37] In der Literatur sind weiterhin die Begriffe Social Web oder Mitmach-Web zu lesen. Es ist den Nutzern also möglich, Erfahrungen in Bezug auf die Unternehmen für andere User zu veröffentlichen bzw. diese Unternehmen als Ganzes zu bewerten. Sofern es sich bei den Berichten und Bewertungen um positive handelt, sind Web-2.0-Tools zentrale Instrumente hinsichtlich der Verbesserung der Arbeitgebermarke und somit im Prozess des E-Recruiting. Es ist zu erkennen, dass sich das Internet aufgrund jener Medien und Technologien von einem zuvor alleinigen Arbeitgebermarkt bereits in den Folgejahren der Jahrtausendwende zu einem

---

[36] Unternehmen richten Recruitingprozesse weiter auf die Anforderungen von Bewerbern aus, in: Personalführung, Das Fachmagazin für Personalverantwortliche, Ausgabe 06/2019
[37] Vgl. Rehm, F. 2014, S. 11

Arbeitnehmermarkt entwickelt hat.[38] Ursprünglich kontrollierten die Arbeitgeber selbst, welche Inhalte über ihre Unternehmen der Öffentlichkeit preisgegeben wurden. Seit es den Nutzern möglich ist, der digitalen Welt ihre Meinung und Erfahrungen zu den jeweiligen Unternehmen mitzuteilen, ist das positive Arbeitgeberimage in den sozialen Medien und ähnlichen Plattformen immer wichtiger, um in einer wettbewerbsgeprägten Unternehmerwelt und vor allem im War for Talents mitzuhalten.

3.4 Generationen und Zielgruppen auf dem Arbeitsmarkt

Die Personalbeauftragten in den Unternehmen müssen sich nicht zuletzt die Frage stellen, welche Zielgruppen sie ansprechen möchten, wenn es um die Besetzung vakanter Stellen geht und welche generationsspezifischen Besonderheiten dabei zu beachten sind. Vielen Unternehmen ist es bereits bewusst, dass aktuell eine Generationsvielfalt auf dem Arbeitsmarkt existiert, deren Akquisition eine große Herausforderung darstellen kann. Verschiedene Generationen haben ebenso unterschiedliche Bedürfnisse und Erwartungen an ihren Arbeitgeber. Die Unternehmen müssen also ihre strategische Personalplanung, vor allem aber die Kandidatenansprache, danach ausrichten, im Bedarfsfall Zugehörige der entsprechenden Kohorte erreichen zu können.

Es befinden sich derzeit vier Generationen auf dem Arbeitsmarkt: Babyboomer, X, Y und Z.

Die Generation mit den ältesten Arbeitnehmern ist die Generation der **Babyboomer**. Sie trägt den Namen aufgrund der starken Geburtsraten nach dem zweiten Weltkrieg. Dabei werden alle zwischen 1956 und 1965 Geborenen als Babyboomer bezeichnet.[39] Besonders charakteristisch für diese Generation sind Eigenschaften, welche besonders bei Führungskräften nicht wegzudenken sind: Ein gefestigtes Expertenwissen, ein hohes Detailwissen und große Kompetenzen in den Soft Skills-Bereichen. Wichtig ist dieser Generation die Familie, ein stabiles Umfeld sowie Sicherheit in ihrem Leben.[40] Aufgrund der besonderen Kompetenzen in sozialer und fachlicher Hinsicht ist diese Generation der Arbeitnehmer aktuell nicht aus der Arbeitswelt wegzudenken.

---

[38] Vgl. Rehm, F. 2014, S. 14
[39] Vgl. Oertel, J. und Klaffke, Martin 2014, S. 31
[40] Vgl. ebd.

Die nachfolgende Generation, die **Generation X**, umfasst alle Jahrgänge von 1965 bis 1980. Sie trägt ihren Namen wegen des Romans "Generation X: Tales for an Accelerated Culture" von Douglas Coupland.[41] Zugehörige dieser Generation zeichnen sich durch den Kampfeswillen und das Durchsetzungsvermögen aus. Es sind selbstsichere Teamplayer, die jedoch das eigenständige Arbeiten und die Entfaltung ihrer Persönlichkeit präferieren.[42] Besonders charakteristisch verhält sich hier das vorhandene Leistungsvermögen dieser Kohorte, die nach gegebener Zeit mit Führungspositionen betraut werden soll. Problematisch gestaltet sich dabei, dass aktuell die Babyboomer-Generation die Führungsetagen einnehmen und später vermehrt die Generation Y dieses nachtun soll. Aufgrund dieses Sachverhaltes sind die beruflichen Wünsche und Ziele dieser Generation oft unerfüllt.[43]

Die Bevölkerungskohorte, die zwischen 1981 und 1995 geboren wurde, ist als **Generation Y** bekannt. Sie verdankt ihren Namen dem Englischen "Why" für Warum und steht für eine alles hinterfragende Generation. Die Millennials, wie sie auch bezeichnet werden, sind bereits von dem Zeitalter des Internets geprägt und weisen somit eine starke Medienaffinität und -kompetenz auf. Wichtig ist dieser Generation ein gewisses Maß an Flexibilität, z.B. durch flexible Arbeitszeitmodelle und Work-Life-Balance.[44] Darüber hinaus präferieren Zugehörige dieser Generation materielle Anreize wie Bonuszahlungen und Dienstwagen, aber auch Karriereperspektiven und Führungsverantwortung.[45]

Die Vierte Kohorte, die **Generation Z**, ist die jüngste Generation. Sie bezeichnet alle Kinder, Jugendlichen und jungen Erwachsenen, die nach dem Jahr 1995 geboren sind. Diese wachsen bereits mit etwaigen Formen von Medien und Kommunikationsplattformen auf.[46] Man kann die Generation Z besonders damit charakterisieren, dass sie eine ausgeprägte Leistungsbereitschaft besitzen und Affinität zu den meisten Technologien aufweisen. Sie sind außerdem gern zeitlich und räumlich ungebunden.[47]

---

[41] Vgl. Klaffke, M. 2014, S. 41
[42] Vgl. Scholz, C. 2014, S. 79-80
[43] Vgl. Oertel, J. und Klaffke, Martin 2014, S. 50
[44] Klaffke, M. 2014, S. 13
[45] Vgl. Hartmann, M. 2015, S. 52
[46] Vgl. ebd.
[47] Vgl. Scholz, C. 2014, S. 20-21

Bei der Betrachtung der Bedürfnisse und Charakteristika der verschiedenen Bevölkerungskohorten fällt auf, dass vor allem die Generationen Y und Z mit dem Internet und seinen Medien aufgewachsen sind, weshalb eine gewisse Affinität gegeben ist. Dies hat besonders im Personalbeschaffungsprozess seine Relevanz. Für Personalbeauftragte ist es entsprechend wichtig, die Kandidatenansprache zielgruppenadäquat zu gestalten, was bei den Generationen Y und Z bedeutet, diese vermehrt auf das E-Recruiting auszurichten.

Neben der generationsspezifischen Einteilung der Zielgruppe kann die Definition dieser am Arbeitsmarkt auch anhand anderer Kriterien erfolgen.

Zielgruppen können entsprechend bestimmte Berufsgruppen sein oder Mitarbeiter, die benötigte Funktionen erfüllen.[48] Zudem können Unternehmen diese eingrenzen, indem sie festlegen, welche Art der Berufsausbildung vorliegen soll, wieviel Erfahrung ein neuer Mitarbeiter in seinem Berufsfeld aufweisen sollte und welche Branchen- bzw. speziellen Kenntnisse gegeben sein sollten. Außerdem können Unternehmen eine Personengruppe mit regionaler Herkunft ansprechen wollen, sofern eine solche für die Stelle z.B. aufgrund sprachlicher Aspekte relevant ist. Nicht selten werden sogar Mitarbeiter anderer Unternehmen, insbesondere von Wettbewerbern, als Zielgruppe definiert.[49]

---

[48] Vgl. Trost, A. 2014, S. 26
[49] Vgl. Trost, A. 2014, S. 40 ff.

4 Dimensionen des E-Recruiting

Das E-Recruiting zeigt sich in unterschiedlichen Dimensionen und bedient sich dabei verschiedener Instrumente. Dieses Kapitel soll die meistgenutzten Formen der Kandidatenansprache erläutern und anhand von ausgewählten Anwendungsbeispielen Aufschluss darüber geben, wie diese in der Praxis eingesetzt werden können.

4.1 Kandidatenansprache

Im onlinebasierten Rekrutierungsprozess gibt es diverse Möglichkeiten, potentielle Kandidaten in aktiver oder passiver Form anzusprechen. Diese unterscheiden sich maßgeblich von der Kandidatenansprache im traditionellen Rekrutierungsprozess, da sie unter Verwendung des Internets praktiziert werden. Einerseits nutzen Unternehmen häufig Online Stellenausschreibungen, um Bewerbungen auf vakante Stellen zu erhalten, andererseits werden sie jedoch angesichts des War for Talents immer aktiver in der Kandidatenansprache und gehen vermehrt auf Bewerber zu, welche nicht aktiv auf Jobsuche sind. Im E-Recruiting-Prozess werden zum Zwecke der Kandidatenansprache unterschiedliche Tools und Plattformen wie die Unternehmenswebsite, Online Jobbörsen, Social Media und virtuelle Karrieremessen verwendet. Viele Unternehmen haben den Bewerbungsprozess potenzieller Mitarbeiter dabei zumeist für mobile Endgeräte optimiert. Im Folgenden wird ein Überblick über das Mobile Recruiting und über die wichtigsten E-Recruiting-Kanäle gegeben.

4.1.1 Mobile Recruiting

Das Mobile Recruiting stellt keine eigene Form des E-Recruiting dar, sondern ist vielmehr eine Art der Rekrutierung, bei welcher elektronische Medien und Personalsysteme herangezogen werden, um Personal zu beschaffen, wobei diese nicht ortsgebunden ist.[50] Charakteristisch ist, dass das Mobile Recruiting entsprechend auf mobilen Endgeräten wie Smartphones, Phablets oder Tablets stattfindet. Dabei zählen sowohl Apps und mobile Webseiten zum Mobile Recruiting, als auch SMS-Newsletter, mobile Varianten der Online-Jobbörsen bzw. Mobile Tagging wie QR-Codes auf Plakaten.[51] Ziel ist es, den gesamten Bewerbungsprozess – angefangen

---

[50] Vgl. www.karrierebibel.de
[51] Vgl. www.derwirtschaftsinformatiker.de

bei den Stellenangeboten, über relevante Informationen bezüglich des potenziellen Arbeitsgebers, bis hin zu dem Ausfüllen der Bewerbungsformulare – auf etwaige mobile Endgeräte auszurichten und somit nicht nur eine Vereinfachung für Unternehmen, sondern vor allem auch für Bewerber zu erreichen. Besonders vorteilhaft ist, dass sich aufgrund eines sogenannten Responsive Webdesign, einem gestalterischen bzw. technischen Tool, die Inhalte von Webseiten der jeweiligen Displaygröße anpassen.[52]

4.1.2 Unternehmenswebsite

Wie die Abbildung 4 des dritten Kapitels darstellt, ist die unternehmenseigene Website mit 95,4 Prozent der deutschen Top-1000-Unternehmen in der Bundesrepublik der am meisten verwendete Kanal zur Veröffentlichung von Stellenausschreibungen. In der Abbildung 5 desselben Kapitels ist zu sehen, dass aus Bewerbersicht die Unternehmenswebsite mit 35 Prozent auf Platz zwei der E-Recruiting-Kanäle zum Auffinden von Jobs rangiert. Für die meisten Stellensuchenden ist die Unternehmenswebsite die erste Informationsstelle, um sich einen ersten Eindruck über die Organisation zu machen. Viele E-Recruiting-Tools führen aufgrund von Verlinkungen auf Plattformen wie den Social Media und Online Jobbörsen, auf die Unternehmens- bzw. Karrierewebseiten zurück, daher ist ein professioneller Internetauftritt für Unternehmen unabdingbar. Deshalb sollten Informationen wie die Leistungen oder Produkte des Unternehmens, das Alleinstellungsmerkmal, das Leitbild und andere hochwertige Inhalte in einem passenden Design und einer ansprechenden Webseitenarchitektur dargestellt und für mobile Endgeräte ausgerichtet werden.

4.1.3 Online Jobbörsen

Online Jobbörsen bieten den Unternehmen die Möglichkeit, vakante Stellen im World Wide Web zu publizieren. Im Umkehrschluss bedeutet dies für Bewerber, dass sie dort angebotene Jobs finden können. Die Stellenbörsen, die im Internet existent sind, lassen sich in drei Kategorien einteilen: Zum ersten gibt es Meta-Jobbörsen, die es zulassen, dass Bewerber mehrere Stellenbörsen parallel durchsuchen können, zum zweiten gibt es branchenspezifische Jobbörsen, welche die Stellensuche auf bestimmte Fachbereiche ausrichten und zum dritten besteht die Möglichkeit, über die Jobbörse der Agentur für Arbeit nach entsprechenden Stellen zu

---

[52] Vgl. Bärmann, F. 2012, S. 240

suchen.⁵³ Stellenausschreibungen, die über Online Jobbörsen wie Indeed, StepStone oder Monster veröffentlicht werden, bilden die Basis der heutigen Personalakquisition. In einer Studie der Job-Seite Indeed in Zusammenarbeit mit dem Institut der deutschen Wirtschaft (IW) wurden 420 Unternehmen aller Branchen, Größen und Regionen danach befragt, welche Maßnahmen sie interventiv zum Fachkräftemangel betreiben. Bezahlte Stellenausschreibungen über Online Jobbörsen sind an dieser Stelle mit insgesamt 79 Prozent vertreten, wobei sich darunter 71 Prozent der KMU und 89 Prozent der Großunternehmen besagter Stellenausschreibungen bedienen.⁵⁴

4.1.4 Social Media

Bei den Social Media, den sozialen Medien, handelt es sich um einen Rekrutierungskanal, der immer mehr an Beliebtheit gewinnt. Der Begriff Social Media umfasst nicht nur alle Netzwerke und Netzwerkgemeinschaften, die es ihren Nutzern erlauben, Inhalte zu teilen, Meinungen kundzutun und Erfahrungswerte beizutragen.⁵⁵ Mittlerweile wurde das Verständnis von Social Media dahingehend erweitert, dass alle Internetplattformen, -seiten und webbasierten Softwarelösungen, die ihre User zum Verbreiten und Bewerten von Inhalten befähigen, ebenfalls als soziale Netzwerke deklariert werden.⁵⁶ Demnach zählen bekannte Netzwerke wie Facebook, Twitter, Xing und Google+, aber auch Sharing-Plattformen wie Youtube und Flickr sowie Weblogs zu den Social-Media-Kanälen.

Wie bereits in 3.2 thematisiert, hat Software-Hersteller Saba Lumesse im Rahmen einer Untersuchung 136 europäische und nordamerikanische Unternehmen zu Entwicklungen und Technologietrends im Recuiting befragt, wobei diese Umfrage ergab, dass 76 Prozent der befragten Unternehmen die sozialen Netzwerke zur Kandidatengewinnung nutzen.⁵⁷

Im Rahmen des Recruiting mithilfe von sozialen Medien gibt es zwei Formen der Kandidatenansprache: Die **passive** und die **aktive** Ansprache.

---

[53] Vgl. Latz, I. 2016, S. 45
[54] Vgl. Lehnen, C. / Siemann, C. 2019, S. 23 ff
[55] Vgl. Bärmann, F. 2012, S. 20
[56] Vgl. ebd.
[57] Vgl. Unternehmen richten Recruitingprozesse weiter auf die Anforderungen von Bewerbern aus, in: Personalführung, Das Fachmagazin für Personalverantwortliche, Ausgabe 06/2019

Die passive Kandidatenansprache erfolgt zunächst, indem Unternehmen Arbeitgeberpräsenz an den Tag legen und passende Inhalte auf Ihrem Arbeitgeberprofil zur Verfügung stellen. Sie äußert sich zudem als das Schalten von Stellenanzeigen in sozialen Netzwerken mit der Absicht, Bewerbungen qualifizierter Kandidaten zu erhalten. Laut der in 3.1 betrachteten Studie der Uni Bamberg nutzen 14,3 Prozent aller Top-1000-Unternehmen aus Deutschland regelmäßig Stellenanzeigen in sozialen Netzwerken zur Akquisition potenzieller Mitarbeiter.

Vielen Unternehmen ist es jedoch längst bewusst, dass das Schalten von Stellenanzeigen oft nicht mehr ausreicht, um geeignete Mitarbeiter zu finden. Das Bewusstsein darüber, dass man qualifizierte Mitarbeiter, vor allem jene, die über Expertenkenntnisse verfügen oder spezielle Funktionen erfüllen, aktiv suchen muss, ist bereits großflächig durchgedrungen. Aus diesem Grund betreiben viele Unternehmen eine aktive Form der Kandidatenansprache.

Bei der aktiven Kandidatenansprache über soziale Medien handelt es sich um das sogenannte **Active Sourcing.** Dieses versteht sich als alle Maßnahmen von Unternehmen, welche vielversprechende Mitarbeiter auf dem externen Arbeitsmarkt durch aktives Suchen identifizieren, um in persönlichen Kontakt mit ihnen zu treten und eine dauerhafte Geschäftsbeziehung zu ihnen aufzubauen.[58] Zu den bekanntesten beruflichen Netzwerken gehören Xing für den deutschsprachigen und LinkedIn für den internationalen Raum.

4.1.5 Virtuelle Karrieremessen

Virtuelle Karrieremessen sind eine aktuelle Methode im Kontext des Personalmarketings und Recruitings. Bei dieser Art der Kandidatenansprache handelt es sich um eine Marktveranstaltung, die die Idee einer herkömmlichen Karriere-Messe in ein digitales Umfeld projiziert.[59] Potenziellen Mitarbeitern schafft sich die Möglichkeit, Informationen zu interessanten Unternehmen als Arbeitgeber einzuholen und dort aktuelle Karrierechancen auch in eventuell weniger bekannten Funktionsbereichen zu entdecken. Für die Bewerber ist außerdem von großem Vorteil, dass sie sich bequem von zu Hause aus einloggen und im Bedarfsfall per Chat mit den Personalverantwortlichen in Kontakt treten können. Für Unternehmen gestaltet es sich vorteilhaft, dass sie durch virtuelle Karrieremessen unter Umständen auch

---

[58] Vgl. Stähler, G./Apel, W. 2015, S. 55
[59] Vgl. www.virtuelle-karrieremesse.de

sogenannte latent Jobsuchende ansprechen, also Arbeitskräfte, die zwar in einem ungekündigten Arbeitsverhältnis stehen, sich jedoch einen Arbeitgeberwechsel vorstellen könnten.[60]

4.2 Kandidatenselektion

Im Prozess der Rekrutierung ist es von fundamentaler Bedeutung, Personal anzusprechen. Ebenso wichtig ist es jedoch, final eine Entscheidung darüber zu treffen, welcher Kandidat für eine vakante Stelle in Frage kommt und diese letztlich besetzen soll. Dafür gibt es im Prozess des E-Recruiting diverse Möglichkeiten, um Kandidaten zu selektieren, die dann zu einem persönlichen Gespräch eingeladen werden, um die gewonnen Eindrücke zu bestätigen oder zu wiederlegen bzw. neue Impressionen zu erhalten.

4.2.1 Skype-Interview

Das Skype-Interview als ressourcensparende Alternative zum Face-to-Face-Interview wird häufig im Prozess des E-Recruiting angewandt. Dies geschieht in erster Linie dann, wenn es um die Selektion von Kandidaten geht, die entweder durch die Personalverantwortlichen selbst oder aufgrund entsprechend unterstützender Softwares als potenziell geeignet für eine Stelle befunden wurden. Skype ist ein im Besitz von Microsoft befindlicher Dienst zur sofortigen Datenübermittlung, der die Möglichkeit zur Internet- bzw. Videotelefonie schafft. Vorwiegend wird durch Unternehmen der Messaging-Service **Skype for Business** verwendet. Dieser ist sowohl aus Unternehmens- als auch aus Kandidatensicht eine weniger zeit- und kostenintensive Lösung, ein Gespräch zu führen, als das Interview vor Ort in den Unternehmen. Unternehmen brauchen aufgrund der Vorteile eines Skype-Interviews keine Fahrkosten erstatten, wie sie es eventuell im Normalfall praktizieren würden. Für den Bewerber ergibt sich der Vorteil, das Gespräch in einer von ihm als angenehm empfundenen Atmosphäre durchzuführen und keinen Reiseaufwand zu haben.[61]

---

[60] Vgl. ebd.
[61] Vgl. www.absolventa.de

4.2.2 E-Assessment

Unter dem Begriff E-Assessment, ausgeschrieben Electronic Assessment, ist die Durchführung eines Prüfungsprozesses im Recruiting zu verstehen, der unter Zuhilfenahme von Computern bzw. Servern und ihrer Hard- und Software stattfindet.[62] Ebenfalls gängige Bezeichnungen sind die Begriffe Online Assessment, E-Testing oder Computer-based Assessment. Die verschiedenen Definitionen in der Literatur stellen hauptsächlich die Nutzung eines Computers und den Prozess der Erstellung, Durchführung und Auswertung heraus. Das Electronic Assessment dient zuweilen als eine Art Leistungsnachweis[63] für Bewerber, welcher perspektivisch aus der Sicht der Recruiter und Personalverantwortlichen ein Instrument zur Auswahl von Bewerbern darstellt und somit im Schritt der Kandidatenselektion des E-Recruiting-Prozesses keine geringe Bedeutung hat.

4.2.3 Recruiting Games

Recruiting Games sind online Spiele, die der Rekrutierung von Kandidaten dienen. Sie habe große Ähnlichkeit mit dem in 4.2.2 behandelten E-Assessment. Der Unterschied besteht darin, dass die Recruiting Games das Auswahlverfahren in einen spielerischen Rahmen übertragen.[64] Die Durchführung gestaltet sich insofern, dass Qualifikationen der Kandidaten in unterhaltsamer Atmosphäre erörtert und zum Schluss übersichtlich dargestellt werden. Gestartet werden die Recruiting Games meist über die unternehmenseigene Webseite bzw. über die Karriereseite. Es handelt sich hierbei um automatisierte Vorselektionsprozesse, die die Recruiter dementsprechend erst nach Beendigung der Spiele tangieren. Daraus folgt, dass diese Art der Kandidatenselektion aus Unternehmenssicht sehr zeit- und kostensparend ist. Sie trägt darüber hinaus durch ihre Modernität zum positiven Unternehmensimage bei und findet auch auf Bewerberseite durch großen Anklang.[65]

---

[62] Vgl. Ruedel, C./Mandel, Sch. 2010, S. 13
[63] Vgl. Ruedel, C./Mandel, Sch. 2010, S. 19
[64] Vgl. Beck, C. 2002, S. 212
[65] Vgl. Beck, C. 2002, S. 212

4.2.4 Robot Recruiting

Das Robot Recruiting ist eine Teilautomatisierung des Rekrutierungsprozesses bzw. seine Ergänzung durch Datenanalyse. Die Kandidatenauswahl und -beurteilung findet mittels einer Software statt, die Algorithmen verwendet. Dabei wird auf Grundlage von Daten ein Abgleich von Kandidatenprofilen mit Anforderungsprofilen von Unternehmen durchgeführt.[66] Aufgrund des technischen Aufschwungs im Bereich der Künstlichen Intelligenz, abgekürzt KI, sind viele neue Möglichkeiten im Kontext der Datenanalyse entstanden, weshalb das Robot Recruiting vermehrt mit dem Einsatz von KI-basierten Lösungen gleichgesetzt wird.[67] Diese KI-Systeme wirken im Rekrutierungsprozess beispielsweise dahingehend unterstützend, dass sie Stellenanzeigen so optimieren, dass Kandidaten diese besser auffinden können, da bereits existente Stellenausschreibungen analysiert und auf Grundlage gesammelter Daten Keywords, Jobbörsen und -kategorien vorgeschlagen werden.[68] In der Studie "Recruiting-Trends 2018" von Professor Doktor Wolfgang Jäger und Sebastian Meurer, die u.a. in Zusammenarbeit mit der Jobbörse StepStone erfolgte, stellte sich heraus, dass das Robot Recruiting unter Anwendung von KI-Systemen und smarten Algorithmen zwar genutzt wird, allerdings lediglich ein Viertel der Befragten angab, über ausreichend Wissen zu den Einsatzmöglichkeiten und Funktionsweisen von KI-Systemen und smarten Algorithmen zu verfügen.[69]

4.3 Anwendung des E-Recruiting

Die allgemeinen theoretischen Annahmen aus 4.1 sollen nun in Praxisannahmen transferiert werden. Im Folgenden wird das ausgewählte E-Recruiting-Instrument *Social Media* anhand einer Strategie zu seiner Umsetzung analysiert. Ein Best Practice-Beispiel, welches auch bekannt ist als Musterbeispiel, soll den erfolgreichen Einsatz eines Social Media-Mix im E-Recruiting-Prozess des Unternehmens Daimler darstellen.

---

[66] Vgl. www.haufe.de
[67] Vgl. ebd.
[68] Vgl. ebd.
[69] Vgl. Jäger, W./Teetz, I. 2019, S. 18

4.3.1 Strategieanalyse Social Media

In der Welt des E-Recruiting herrscht eine enorme Vielfalt. Besonders die sozialen Medien sind ein Personalbeschaffungsinstrument, das in vielen Ausprägungen vorhanden ist. Unternehmen müssen aufgrund dieser Vielfalt eine konsistente Strategie entwickeln, bei der sie sich vorher über die Ziele, das Vorgehen und die Risiken im Klaren sind.[70] Kandidaten über die verschiedenen Netzwerke ansprechen können.

Folgende vier Aspekte können eine Strategie zur Umsetzung von Social Media Recruiting darstellen:

- Durchführung einer Zielgruppenanalyse
- Erstellung eines Redaktionsplans
- Festlegung eines Budgets und
- die Bereitstellung von Mitarbeitern zur Pflege der Social-Media-Kanäle.[71]

Um eine Zielgruppenanalyse durchzuführen, können sich Unternehmen Studien von Markforschungsinstituten zu Hilfe nehmen. Damit können sie zum Teil herausfinden, welche Präferenzen und Bedürfnisse die unterschiedlichen Zielgruppen haben.[72] Eine Ausrichtung anhand der Generationsbegriffe dient eher als Richtwert, da diese nie pauschalisiert werden kann. Außerdem ist es hilfreich, eine Bewerberumfrage durchzuführen, um die Surf-Gewohnheiten der entsprechenden Zielgruppen herauszufinden und darauf seine künftigen Tätigkeiten auszurichten. Unternehmen müssen sich also die Frage stellen, welche Zielgruppe sie erreichen wollen, um dann herauszufinden, auf welchen Social-Media-Kanälen sie agieren sollten, da häufig die Nutzung eines einzigen Kanals nicht ausreicht, um eine optimale Verbreitung von Inhalten zu erzielen.[73]

Ein Redaktionsplan hilft bei der Konzeption von zu veröffentlichenden Inhalten. Dieser sollte den Termin der Veröffentlichung, das Thema, eine Kurzbeschreibung der Inhalte, den Verantwortlichen und die Kanäle enthalten. Bei der Erstellung eines Redaktionsplans ist es, wie in der Zielgruppenanalyse, ebenfalls vorteilhaft, Bewerberumfragen zu nutzen.[74] Durch diese erhalten Unternehmen einen Überblick

---

[70] Vgl. Bernecker, M./Beilharz, F. 2012, S. 35
[71] Vgl. Bärmann, F. 2012, S. 31 ff
[72] Vgl. Ullah, R./Witt, M. 2015, S. 82 ff
[73] Vgl. Bernecker, M./Beilharz, F. 2012, S. 35
[74] Vgl. ebd.

darüber, auf welche Faktoren die Kandidaten Wert legen und wie die Organisationen als Arbeitgeber ihre Personalmarketing- bzw. Employer Branding-Maßnahmen einsetzen sollten. Dadurch können die Unternehmen vor allem die Aspekte in den sozialen Medien kommunizieren, welche für ihre Zielgruppe von besonderer Bedeutung sind so z.b., welche Maßnahmen für die Work-Life-Balance ergriffen werden oder inwieweit das Unternehmen Wert auf ein sozialisiertes Arbeitsumfeld legt. Ein verstärktes Personalmarketing und Employer Branding muss vor allem für solche Vakanzen praktiziert werden, welche für die am Arbeitsmarkt befindlichen Kohorten nicht attraktiv bzw. negativ assoziiert sind. Dies betrifft zumeist Stellen, die unübliche Arbeitszeiten aufweisen, wie es zum Beispiel in einer Bäckerei der Fall ist. Dort könnten unter Umständen Schichten angeboten werden, was auf den Social Media Kanälen kommuniziert werden könnte.

Anschließend müssen sich die Organisationen darüber bewusstwerden, welches Budget die Rekrutierung über die Social Media umfassen darf. Dementsprechend muss darüber entschieden werden, ob kostenpflichtige Kanäle wie Xing unter Verwendung des Talentmanagers oder lieber ressourcensparende Plattformen wie Facebook oder Twitter in Anspruch genommen werden. Außerdem bedarf es einer Entscheidung darüber, ob die entsprechenden Personalkosten sich auf eine bzw. mehrere Stellen in Voll- oder Teilzeit belaufen können.

Je nach Unternehmensgröße und Rekrutierungsbedarf müssen ein oder mehrere Mitarbeiter damit betraut werden, die Inhalte in den sozialen Medien zu pflegen, zu aktualisieren und zu organisieren. Dabei muss bedacht werden, dass es sich nicht nur um das Bereitstellen von Informationen zum Unternehmen und zur Unternehmenskultur dreht, sondern dass zudem Nutzeranfragen beantwortet werden müssen und dies am besten so zeitnah wie möglich geschehen sollte, da Kandidaten durch die unkomplizierte Handhabung der sozialen Medien eine geringe Reaktionszeit voraussetzen.

4.3.2 Praxisbeispiel für die Anwendung von Social Media

Ein Best Practice-Beispiel für das Social Media Recruiting ist der Mix aus Corporate Blog, welcher eine Art Unternehmenstagebuch darstellt, unter Ergänzung von Facebook und Twitter vom Unternehmen Daimler, einem der größten Anbieter von Premium-PKW und der größte weltweit aufgestellte Nutzfahrzeug-Hersteller.[75] Im Karriere-Blog des Stuttgarter Unternehmens schreiben die Mitarbeiter selbst über ihren Arbeitsalltag in den unterschiedlichen Abteilungen und über Themen wie dem Karriereeinstieg, Technologien und den Automobilen als Produkt. Ziel des Ganzen ist es, potenziellen Interessenten an einer Karriere bei Daimler Einblicke in die Unternehmenskultur und in die Mitarbeiterphilosophie zu geben. Noch greifbarere Einblicke erlaubt die Daimler-Karriereseite auf Facebook. Die ca. 190.000 Personen, die der Seite folgen, bekommen Posts und Bilder zu Gesicht, die den Ablauf von Veranstaltungen wie dem Daimler Hackathon, den Werkbesuch von HR-Praktikanten oder den Daimler Students Day zeigen sollen. Die Twitter-Seite hat eine ähnliche Struktur und ermöglicht ein schnelles Teilen von Stellenangeboten und Karriere-Events.[76] Der Daimler-Konzern zeigt sich dadurch nicht nur als beliebte Arbeitgebermarke, sondern schafft vor allem eine hohe Transparenz für Interessenten.

---

[75] Vgl. www.daimler.com
[76] Vgl. www.keeunit.de

5 Kritische Betrachtung des E-Recruiting

In diesem Kapitel wird das E-Recruiting aus Arbeitgebersicht sowie aus Bewerbersicht beleuchtet. Dabei werden perspektivisch die jeweiligen Chancen und Risiken betrachtet, welche zusammenfassend für die Instrumente dargestellt werden sollen.

5.1 Chancen

Was verleitet Unternehmen dazu, onlinebasierte Rekrutierungskanäle einzuführen und aus welchem Grund nutzen Bewerber diese? Fakt ist: Die Einführung neuer Methoden bringt immer Möglichkeiten mit sich, die es überhaupt lohnenswert machen, diese in den Personalbeschaffungs- bzw. Bewerbungsprozess zu integrieren oder diesen sogar hauptsächlich darauf auszurichten. Dies ist hinsichtlich des E-Recruiting nicht anders. Es ergeben sich sowohl auf der Unternehmensseite als auch auf der Bewerberseite diverse Möglichkeiten, welche einen Einsatz- und Nutzungsantrieb darstellen.

5.1.1 Chancen aus Arbeitgebersicht

5.1.1.1 Kostenreduzierung

Eines der wichtigsten Unternehmensziele aus betriebswirtschaftlicher Sicht ist das Senken der Kosten. Das Praktizieren von E-Recruiting-Prozessen kann bei korrekter Anwendung einen erheblichen Teil zu diesem Unternehmensziel beitragen.

Durch die Möglichkeit, Bewerbungsunterlagen elektronisch zu verarbeiten und zu selektieren, entfällt ein enormer Teil der Aufwendungen für Personal.[77] So reduzieren sich zum Beispiel die Personalkosten für das Sichten eingegangener Bewerbungsunterlagen durch einen automatisierten Abgleich der Kenntnisse und Fähigkeiten der Bewerber mit den Stellenanforderungen.[78] Recruiter führen dadurch nur noch vorselektiert Telefoninterviews bzw. Vorstellungsgespräche mit Kandidaten, die aufgrund zuvor festgelegter Parameter bereits auf die Stellenausschreibung passen.

---

[77] Vgl. Knapp, E. 2017, S. 83
[78] Vgl. ebd.

Des Weiteren ist ein Zurücksenden von Bewerbungsmappen nicht mehr erforderlich. Dies spart Portokosten, die gerade bei größeren Unternehmen nicht unerheblich sind.

5.1.1.2 Reduzierung des Zeitaufwands

Eine weitere Möglichkeit, die das E-Recruiting schafft, ist das Vermindern des Zeitaufwandes für die Suche nach geeigneten Bewerbern. Durch die mit dem E-Recruiting verbundenen Automatismen wird der manuelle Abgleich von Bewerberqualifikationen mit Stellenanforderungen unnötig, was den zeitlichen Bearbeitungsaufwand drastisch reduziert.[79] So entsteht der Vorteil, dass die eingesparte Zeit vollständig in andere Unternehmensprozesse investiert werden kann. Außerdem bedeutet eine onlinebasierte Rekrutierung für Unternehmen oft eine geringere Besetzungszeit für vakante Stellen.

5.1.1.3 Positive Auswirkungen auf das Employer Branding

Die Rekrutierung unter Zuhilfenahme des Internets kann das Employer Branding verbessern. Unternehmen kommunizieren potenziellen Kandidaten durch den Einsatz onlinebasierter Bewerbungsmöglichkeiten, dass eine Unternehmenskultur herrscht, die gegenüber Trends offen ist. Unternehmen suggerieren weiterhin, dass sie technisch versiert und modern sind, was viele Bewerber als positiv erachten.[80] Somit kann das Image des Unternehmens verbessert und eine positiv assoziierte Arbeitgebermarke herausgebildet werden.

5.1.1.4 Vergrößerung der Reichweite

Das E-Recruiting führt zu einer Erhöhung der Reichweite im Hinblick auf die Kandidatenansprache. Häufig reicht es nicht mehr aus, Kandidaten lediglich im deutschsprachigen Raum zu suchen, da für viele Bereiche von der IT-Branche bis hin zum Gesundheitswesen, ein Mangel an geeigneten bzw. verfügbaren Kandidaten herrscht.

---

[79] Vgl. Knapp, E. S. 83
[80] Vgl. Graf 2017, S. 77 ff.

Im Hinblick auf dieses Problem wirkt das E-Recruiting als überaus geeignete Maßnahme zur Erschließung des internationalen Arbeitsmarktes.[81] Durch das Englisch als Weltsprache und die technische Opportunität weltweit zu kommunizieren, die durch das Internet vorhanden ist, bietet sich den Unternehmen die Chance, Fach- und Führungskräfte in globalem Umfang akquirieren zu können.

5.1.1.5 Zielgruppengerechte Ansprache

Besonders die Generationen Y und Z, also jene Personen, die nach 1980 geboren sind, fühlen sich durch den Bewerbungsprozess unter Einsatz des Internets besonders angesprochen. Bei ihnen handelt es sich vermehrt um Fachkräfte, die eine Ausbildung absolviert haben sowie um Young Professionals und ferner auch um Professionals.[82] Für Unternehmen, die eben diese Generationen ansprechen wollen, entsteht durch das E-Recruiting die Verbindung zu dem gewünschten Klientel und ermöglicht somit eine zielgruppenadäquate Ansprache von Kandidaten.

5.1.1.6 Situations- und ortsspezifische Ansprache

Unternehmen können mittels des Angebots onlinebasierter Bewerbungsplattformen erreichen, ihre Kandidaten situations- und ortsbezogen anzusprechen und ein breiteres Spektrum potenzieller Mitarbeiter zu rekrutieren. So erreichen Unternehmen nicht nur den Kandidaten, der die Jobsuche zu Hause mit Hilfe seines Smartphones, Notebooks oder PCs durchführt, sondern auch denjenigen, der unterwegs nach geeigneten Jobangeboten sucht. Auf dieser Grundlage ist es möglich, seinen Internetauftritt dahingehend zu optimieren, dass potenzielle Bewerber unterwegs bereits mit dem ersten Klick auf das Stellenangebot alle relevanten Informationen erhalten und zu Hause dann weitergehende Recherche zum Arbeitgeber, zur Unternehmenskultur und weiterer Benefits betreiben können. Auf diese Weise werden genau die Argumente aufgezeigt, die die Bewerber in ihrer speziellen Situation vom Unternehmen überzeugen sollen. Darüber hinaus stehen die Inhalte über die Unternehmen und ihre jeweiligen Jobangebote rund um die Uhr zu Verfügung der Jobsuchenden, was für die Arbeitgeber einen enormen Vorteil darstellt, da sie so eine Kandidatenansprache generieren, die zeitlich unbegrenzt ist.

---

[81] Meyer-Ferreira, P. 2015, S. 103
[82] Vgl. www.uni-bamberg.de

5.1.2 Chancen aus Arbeitnehmersicht

5.1.2.1 Vergrößerung der Transparenz

Transparenz ist ein Aspekt im Hinblick auf Unternehmen, der den Kandidaten immer wichtiger wird. Da eine Fehlbesetzung nicht nur einen hohen Aufwand für Unternehmen impliziert, sondern diesen auch für Kandidaten bedeutet, möchten Arbeitnehmer so viel wie möglich über ihren potenziellen Arbeitgeber wissen. Durch Instrumente wie den Social Media, der Unternehmenswebsite, virtuellen Karrieremessen und anderen ist es den Kandidaten möglich, bereits vorab Eindrücke von Unternehmen zu gewinnen.

5.1.2.2 Reduzierung des Zeitaufwands

In einer schnelllebigen Zeit wie der heutigen ist es vielen Menschen wichtig, ihre Zeit effizient zu nutzen und Erledigungen ohne einen großen Zeitaufwand zu tätigen. Durch das Mobile Recruiting zum Beipiel ist es Kandidaten möglich, genau das zu erreichen: Sie sparen Zeit. Laut einer Studie der Universität Bamberg zum Thema Mobile Recruiting benötigen Kandidaten, die Erfahrungen mit der mobilen Form der Bewerbung haben, durchschnittlich 39,5 Minuten pro Bewerbung. Im Vergleich dazu beträgt die Dauer für eine nicht-mobile Bewerbung 46,4 Minuten.[83] Demnach wird für das Erstellen und Versenden von Bewerbungen ein geringerer Zeitaufwand verzeichnet.

5.1.2.3 Intensivierung der Kommunikation

Nicht nur die Verringerung des Zeitaufwandes im Hinblick auf den Bewerbungsprozess per se ist beachtlich. Weiterhin ist anzumerken, dass durch die digitale Form der Kommunikation über mobile Endgeräte oder andere onlinebasierte Medien eine schnellere und somit intensivere Interaktion zwischen den Kandidaten und den Unternehmen stattfinden kann.[84] In der Kommunikation unter Verwendung onlinebasierter Kommunikationsmittel können Unternehmen zum Beispiel in Form von Chats oder Videotelefonie schneller reagieren, was die Antwortzeit reduziert und die Interaktion für potenzielle Arbeitnehmer unkomplizierter und somit intensiver macht.

---

[83] Vgl. www.uni-bamberg.de
[84] Vgl. Buckmann, J. 2013, S. 176

5.1.2.4 Einsparung von Ressourcen

Ein weiterer vorteilhafter Aspekt des E-Recruitings ist, dass es keiner Papierform bedarf. Es ist nicht mehr notwendig, seine Unterlagen auszudrucken oder seine Zeugnisse und Zertifikate zu kopieren und in Bewerbungsmappen zu heften. So entsteht die Möglichkeit für die Kandidaten, in erheblicher Form Ressourcen zu schützen. Auf diese Art sparen sie zudem monetäre Mittel und können gleichzeitig auf ihren ökologischen Fußabdruck zu achten.

5.1.2.5 Örtliche und zeitliche Unabhängigkeit

Das E-Recruiting ermöglicht, insbesondere durch das Mobile Recruiting, ein ortsunabhängiges Bewerben. Kandidaten können dementsprechend von unterwegs agieren und sich zum Beispiel aufgrund einer Empfehlung direkt bewerben. Auf diese Art sind sie nicht gezwungen, zunächst nach Hause zu fahren, um dort den Bewerbungsprozess am heimischen PC durchzuführen oder auf andere Arten der Bewerbung zurückzugreifen, welche nicht mit digitalen Medien ausgeführt werden können. Der zeitliche Aspekt bezüglich der Reaktion von Kandidaten liegt ebenfalls auf der Hand. Sie können schneller auf Stellenangebote reagieren. Dies erzeugt den Effekt, schneller handeln zu können als Konkurrenten. Des Weiteren ist zu bedenken, dass Inhalte aufgrund des Word Wide Web zu jeder Tages- und Uhrzeit abrufbar sind, was die Bewerber in ihrer Jobsuche sehr flexibel sein lässt.

5.1.2.6 Erschließung des internationalen Arbeitsmarktes

Die Digitalisierung der Personalbeschaffung erlaubt nicht nur den Unternehmen in größeren Dimensionen zu rekrutieren als zuvor. Durch die Nutzung des Internets können auch die Bewerber bei Bedarf mit Unternehmen auf der ganzen Welt in Verbindung treten[85] und sind aufgrund dessen nicht mehr allein vom nationalen Arbeitsmarkt abhängig, da sie als Nutzer der E-Recruiting Kanäle ebenso den internationalen Arbeitsmarkt erschließen können.

---

[85] Vgl. Stähler, G./Apel, W. 2015, S. 5

5.1.2.7 Nutzerfreundlichkeit

Weiterhin ist zu bedenken, dass das E-Recruiting eine enorme Nutzerfreundlichkeit aufweist. Häufig benötigen Kandidaten zum Bewerben lediglich ihre E-Mail-Adresse, geben einige Daten in die Bewerbungsformulare ein und haben sich somit auf eine vakante Stelle beworben.[86]

5.2 Risiken

Obgleich das E-Recruiting eine Vielzahl an Vorteilen mit sich bringt, hat es auch Grenzen und Risiken. Dies betrifft, wie in jedem Fall, sowohl die Arbeitgeber- als auch die Arbeitnehmerseite.

5.2.1 Risiken aus Arbeitgebersicht

5.2.1.1 Kosten der Implementierung

Zwar wurde in den Chancen des E-Recruiting auf das Potenzial zur Kosteneinsparung hingewiesen, dennoch ist die Anschaffung und Implementierung notwendiger E-Recruiting-Tools eine kostenintensive Investition. Unternehmen müssen sich also zunächst auf hohe Anschaffungs- bzw. Implementierungskosten einstellen,[87] welche gerade für Unternehmen mit gering budgetierter Personalbeschaffung wie z.B. Startup-Unternehmen eine enorme Herausforderung darstellen kann.

5.2.1.2 Unqualifizierte Bewerbungen

Wie ebenfalls bereits in den Chancen skizziert wurde, macht das E-Recruiting den Bewerbungsprozess zunehmend einfacher, schneller und unkomplizierter. Daraus jedoch entsteht auf Arbeitgeberseite der Nachteil, dass viele unqualifizierte Bewerbungen eingehen, was wiederum die Herausforderung eines enormen Kostenfaktors durch die Notwendigkeit der Bewerberselektion darstellt.[88]

---

[86] Vgl. Stähler, G./Apel, W. 2015, S. 56
[87] Vgl. www.karrierebibel.de
[88] Vgl. Hentze, J./Kammel, A. 2001, S. 270

5.2.1.3 Aktualisierungsdruck

Weiterhin ist zu bedenken, dass das Internet ein sehr schnelllebiges Medium ist. Unternehmen riskieren den Verlust qualifizierten Personals, sofern sie ihre E-Recruiting-Plattformen nicht ständig aktualisieren und auf den neuesten Stand bringen.[89] Unternehmen, die dies nicht beachten, wirken weniger kompetent und suggerieren möglicherweise eine altmodische Unternehmenskultur. Dies wirkt sich oft negativ auf das Employer Branding aus.

5.2.1.4 Bewerberflut

Zudem kann der Vorteil der großen Reichweite digitaler Stellenanzeigen die Herausforderung mit sich bringen, dass Unternehmen von einer Flut von Bewerbungen überschwemmt werden. Darunter sind oft nicht nur, wie oben erwähnt, unzureichend qualifizierte Bewerber, sondern auch welche, die insgesamt ungeeignet sind, z.B. aufgrund ihres Wohnortes. Die Selektion dieser kann einen großen zeitlichen und monetären Aufwand auslösen, sofern keine Selektionssoftware genutzt wird.

5.2.1.5 Softwarefehler

Ein weiterer Nachteil ist es, dass auch die automatisierten Selektionsabläufe nicht frei von Fehlern sind. So kann es aus unterschiedlichen Gründen dazu kommen, dass, z.B. beim E-Assessment oder im Rahmen der automatischen Vorselektion, Bewerber aussortiert werden, die für die Stellenausschreibung durchaus geeignet sind.[90] Dies kann beispielsweise aufgrund eines Softwarefehlers geschehen.

5.2.1.6 Untergehen in der Masse

Das Hauptproblem allerdings liegt darin, in der Komplexität des World Wide Web als stellenausschreibender Arbeitgeber aufzufallen.[91] Das Rekrutieren über das Internet, gerade in Form von Stellenausschreibungen, bringt eine Menge Konkurrenz mit sich und erfordert daher ein ausgefeiltes Positionierungskonzept und außerdem eine Festlegung darauf, welche Zielgruppen angesprochen werden sollen. Stellenanzeigen, die zu allgemein formuliert oder mangelhaft positioniert sind, laufen Gefahr in der Masse unterzugehen.

---

[89] Vgl. Bärmann, F. 2012, S. 249 ff.
[90] Vgl. www.arbeits-abc.de
[91] Vgl. ebd.

5.2.1.7 Risiko durch Nicht-Nutzung

Für Organisationen können Risiken nicht nur aus der Nutzung von E-Recruiting-Instrumenten entstehen, sondern vermehrt auch aus der Nicht-Nutzung dieser Art der elektronischen Rekrutierungsplattformen. Sofern Unternehmen z.B. keine Social-Media-Kanäle nutzen, verlieren sie die Kontrollfunktion über die unternehmensbezogenen Inhalte, welche durch die Web 2.0-Welle zwar eingeschränkt, aber dennoch vorhanden ist. Sie wissen außerdem nicht, was über ihr Unternehmen in den sozialen Medien geschrieben wird und können demnach keinen aktiven Einfluss nehmen, um unpassende Inhalte in Bedarfsfall zu ändern oder sich zumindest dazu zu äußern. Außerdem kann die Nicht-Nutzung einen Bedeutungs- bzw. Imageschaden anrichten.[92] Sofern Bewerber potenzielle Arbeitgeber nur über ihre Homepage finden, kann es passieren, dass die Unternehmen als Ganzes an Bedeutung für den Bewerber verlieren und weder als modern noch als authentisch erachtet werden, was dem Arbeitgeberimage enorm schadet. Außerdem entsteht durch eine Nicht-Nutzung die Problematik, bestimmte Zielgruppen wie die Generationen Y und Z zu verlieren.

5.2.2 Risiken aus Arbeitnehmersicht

5.2.2.1 Ausschluss bestimmter Zielgruppen

Wie bereits in 3.2 und 3.4 dargelegt wurde, ist eine zielgruppenadäquate Kandidatenansprache für Unternehmen unabdingbar. Bei ausschließlicher Verwendung von E-Recruiting-Maßnahmen besteht die Gefahr, dass Zugehörige einiger Zielgruppen ausgeschlossen werden. Dies betrifft vor allem Personen, die wenig internetaffin sind, deren sonstigen Fähigkeiten und Fertigkeiten allerdings von großem Wert für eine Organisation wären.[93] Unternehmen müssen demnach mitunter noch auf nicht-onlinebasierte Möglichkeiten des Rekrutierens zurückgreifen, um eine große Zielgruppenabdeckung zu erreichen.

---

[92] Vgl. Bärmann, F. 2012, S. 249
[93] Vgl. Rohrlack, K. 2012, S. 84

5.2.2.2 Übersehen werden

Die Informationsvielfalt im Word Wide Web tangiert nicht nur die Unternehmen teilweise auf negative Art. Ebenfalls betroffen können Bewerber davon sein. Da Unternehmen unter Verwendung von E-Recruiting-Tools die Reichweite ihrer Kandidatenansprache enorm erhöhen, bedeutet dies für potenzielle Bewerber, dass sie einer höheren Konkurrenz ausgesetzt sind oder im schlimmsten Fall sogar vollständig in der Fülle von Informationen und Bewerberprofilen untergehen. Derartig verhält es sich vor allem hinsichtlich von aktiven Kandidatenansprachen.

5.2.2.3 Geringere Individualität

Wegen der zum Großteil automatisierten Abläufe im E-Recruiting, welche vor allem in der Kandidatenselektion ausgeprägt sind, entsteht für Bewerber die Gefahr des Individualitätsverlustes. Bereits in der Online-Bewerbung, die durch Softwares bestimmte Parameter der Bewerbung erkennt und Kandidaten aufgrund dessen vorselektiert, sodass der Recruiter die Bewerbung nicht zu Gesicht bekommt, hat beispielsweise die individuelle und kreative Gestaltung einer Bewerbung erheblich weniger Gewicht. Dieser Sachverhalt trifft ebenfalls auf die Bewerbung in Form von Online-Bewerbungsformularen zu, wobei dort z.B. bestimmte Daten durch den Bewerber in vorgefertigte Felder eingetragen werden, ohne viel Platz für Eigenanteile zu geben.

5.2.2.4 Anfrageflut

Da das E-Recruiting nicht nur den Bewerbungsprozess für Kandidaten effizienter macht, sondern auch den Rekrutierungsprozess für Personalverantwortliche vereinfacht, besteht für Arbeitnehmer die Gefahr, einer Flut von Anfragen durch Recruitern zu erliegen.[94] Insbesondere solche Arbeitnehmer, die Expertise in Fach- und Führungskräftemangel betroffenen Branchen aufweisen, werden laut Praxisbeobachtungen vermehrt mit Job-Anfragen überhäuft, die außerdem oft als Massennachrichten verschickt werden. Für den Kandidaten bedeutet dies eine zeitaufwändige Selektion relevanter und irrelevanter Nachrichten.

---

[94] Vgl. Rohrlack, K. 2012, S. 84

5.2.2.5 Unberechtigte Aussortierung

Fehler in Recruiting-Softwares können nicht nur für Firmen ein Problem darstellen. Die Bewerberseite kann ebenfalls davon betroffen sein, wenn beispielsweise ihr Lebenslauf bzw. ihre Zeugnisse oder Zertifikate durch die Softwares fehlinterpretiert werden. Dadurch ist es möglich, dass Bewerber ungerechtfertigterweise aussortiert werden, obwohl sie die Anforderungen des Unternehmens erfüllen würden.

5.2.2.6 Hohe Konkurrenz

Aus Bewerbersicht kann die Digitalisierung der Personalbeschaffung durchaus bedeuten, dass sich die Zahl ihrer Mitstreiter erhöht und somit eine größere Konkurrenz besteht. Den Unternehmen ist es durch die Nutzung der E-Recruiting Kanäle möglich, neben dem nationalen Bewerbermarkt ebenso den internationalen zu erschließen und somit Personal aus dem Ausland anzusprechen bzw. zu rekrutieren.

6 Schlussbetrachtung

Zum Ende dieser Thesis soll nun die Analyse der vorab aufgestellten Forschungsfragen und eine Auswertung der bereits ausgearbeiteten Themen erfolgen. Da in dieser Schlussbetrachtung keine neuen Sachverhalte analysiert werden, sondern es sich um eine evaluierende Betrachtung handelt, wird auf die erneute Angabe von Quellen verzichtet. Abschließend zu dieser Thesis werden Handlungsoptionen aufgezeigt, ein Ausblick der möglichen zukünftigen Entwicklung gegeben und weiterhin eine kritische Reflektion erfolgen.

6.1 Analyse der Forschungsfragen

Welche Chancen und Risiken birgt das E-Recruiting aus Sicht der Arbeitgeber sowie Arbeitnehmer?

Im Kapitel 5 wird die internetgestützte Rekrutierung anhand ihrer Vor- und Nachteile ausführlich kritisch beleuchtet und soll an dieser Stelle noch einmal zusammenfassend dargestellt werden. Es ergeben sich Chancen und Risiken genauso auf der Arbeitgeberseite wie auch auf der Arbeitnehmerseite. Arbeitgebern schafft sich durch die Nutzung von E-Recruiting-Instrumenten die Möglichkeit, eine Reduzierung des zeitlichen und monetären Aufwands zu erreichen, der gerade in Zeiten der Ressourcenknappheit eine übergeordnete Rolle spielt. Eine weitere Chance bietet sich, da eine Vergrößerung der Reichweite erfolgen und somit nicht nur der nationale, sondern auch der internationale Bewerbermarkt erschlossen werden kann, was u.U. die Zahl potenzieller Bewerber erhöht. Darüber hinaus ergibt sich der Vorteil der zielgruppenadäquaten Ansprache, da das E-Recruiting vor allem von Bewerbern der Generationen Y und Z präferiert wird, welche aktuell aufgrund ihrer Medienaffinität von großem Wert für Unternehmen sind und künftig sein werden. Dass Unternehmen die Kandidaten durch die Hilfe des World Wide Web situations- und ortsspezifisch ansprechen können ist eine weitere Chance. Außerdem hat das Praktizieren von E-Recruiting positive Auswirkungen auf das Employer Branding von Unternehmen. Auf der Kandidatenseite schafft sich der Vorteil der Transparenz durch den hohen Informationsfluss, den das E-Recruiting ermöglicht. Weiterhin reduziert es den zeitlichen Aufwand und spart Ressourcen ein. Zudem intensiviert das E-Recruiting die Kommunikation zwischen Bewerber und Unternehmen und schafft eine zeitliche und örtliche Unabhängigkeit für Kandidaten.

Eine Kehrseite der Medaille ist zwar vorhanden, überwiegt jedoch nicht die enormen Vorteile des E-Recruiting. Dennoch sollten Unternehmen sich der Risiken der

Nutzung stets bewusst sein. Für Arbeitgeber bedeutet die onlinebasierte Rekrutierung hohe Implementierungskosten und einen ständigen Aktualisierungsdruck, der bei Nicht-Beachtung negative Auswirkungen auf das Employer Branding aufweisen kann. Des Weiteren kann es durch die unkomplizierte Handhabung u.U. zu einer Bewerberflut oder häufigen Bewerbungen geringerer Qualität kommen. Softwarefehler, die qualifizierte Kandidaten aussortieren, sind ebenfalls nicht auszuschließen. Die Informationsfülle des Internets ist darüber hinaus nicht zu unterschätzen, da sie dazu führen kann, dass Unternehmen hinsichtlich ihres Internetauftritts und ausgeschriebener Vakanzen in der Masse untergehen können. Weiterhin ist zu bedenken, dass auch durch die Nicht-Nutzung bestimmter E-Recruiting-Kanäle Risiken entstehen. Auf der Kandidatenseite kann ein Risiko der Ausschluss bestimmter Zielgruppen sein, da eine Medienaffinität nicht zwingend in jeder Zielgruppe vorhanden ist. Außerdem kann es zu einer geringeren Individualität in der Selbstpräsentation der Bewerber kommen, wenn zum Beispiel standardisierte Online-Formulare verwendet werden, die keine zusätzlichen Eintragungen erlauben. Ähnlich wie bei den Unternehmen können Kandidaten einerseits in der Masse der Bewerber untergehen, da durch die große Reichweite des Internets die Konkurrenz steigt. Andererseits können sie einer Anfrageflut von Recruitern unterliegen. Ein Risiko, das seitens der Kandidaten außerdem bedacht werden muss, ist die eventuell unberechtigte Aussortierung durch Softwarefehler im Rekrutierungsprozess.

Wird das E-Recruiting potenziell eine substituierende Wirkung auf die traditionelle Personalbeschaffung haben?

Im Punkt 3.2 Akzeptanz des E-Recruiting wird eine Studie des Centre of Human Resources Information Systems (CHRIS) der Universität Bamberg und der Friedrich-Alexander-Universität Erlangen-Nürnberg zum Thema Recruiting-Trends untersucht. An dieser Studie nahmen zum einen die Top-1000-Unternehmen Deutschlands und zum anderen über 3.300 Kandidaten Teil. Dort wurde beleuchtet, welche Kanäle zur Veröffentlichung von vakanten Stellen am häufigsten von Unternehmen genutzt werden. Dabei stellte sich heraus, dass der Anteil der Mitarbeiterempfehlungen von 2013 bis 2019 von 24,4 Prozent auf 30,4 Prozent gestiegen ist. Bei den Printmedien ist zwar eine Reduzierung von 14,6 Prozent auf 10,1 Prozent zu verzeichnen, allerdings sind diese nach wie vor vertreten. Neben den Unternehmen werden auch die Kandidaten danach befragt, welche Kanäle sie am geeignetsten empfinden, um nach einem Job zu suchen. Empfehlungen durch Bekannte sind dort aktuell mit 38,4 Prozent vertreten. Aufgrund der Ergebnisse dieser Studie und einer teilweise geringeren Medienaffinität von Zugehörigen einiger

Zielgruppen kann eine vollständig substituierende Wirkung des E-Recruiting auf die traditionelle Personalbeschaffung zunächst ausgeschlossen werden. Dies trifft zumindest für die Kanäle der Printmedien und Empfehlungen durch Mitarbeiter und Bekannte zu. Dass das E-Recruiting die traditionelle Personalbeschaffung weiter verdrängt, ist hingegen durchaus wahrscheinlich.

Welche Maßnahmen müssen Unternehmen ergreifen bzw. verstärkt durchführen, um künftig mithilfe des Internets zu rekrutieren?

Im Verlauf dieser Arbeit wurden Personalbeschaffungsmaßnahmen betrachtet und welche, die unterstützend der Personalbeschaffung dienen sollen. Es ist für Unternehmen nunmehr unumgänglich, Maßnahmen im Personalmarketing und Employer Branding durchzuführen. Diese bilden in der Personalarbeit ohnehin ein untrennbares Team. Im War for Talents wird es immer wichtiger, dass Unternehmen sich positiv gegenüber ihrer Konkurrenz positionieren. Die Gewinnung von Personal durch Maßnahmen im externen Personalmarketing kann erreicht werden, indem das Unternehmen als attraktiver Arbeitgeber herausgestellt wird. Dafür muss die Bekanntheit bei Bewerbern gesteigert werden und zudem jene Faktoren in den Vordergrund gestellt werden, die Unternehmen als Alleinstellungsmerkmal besitzen bzw. jene, die einen von der Masse der Unternehmen abheben. Dazu können Arbeitgeber beispielsweise Imagekampagnen aufbauen. Doch nicht nur die Außenwirkung ist entscheidend. Ebenso wichtig ist die Innenwirkung im Personalmarketing und Employer Branding. Hier stehen bereits im Unternehmen vorhandene Mitarbeiter im Fokus, deren Loyalität und Bindung zum Unternehmen gesteigert werden müssen. Dies sollte nicht zuletzt deshalb geschehen, weil Mitarbeiter die perfekten Markenbotschafter darstellen. Mitarbeiter, deren Zufriedenheit durch Faktoren wie zum Beispiel Karrierechancen, Weiterbildungsmöglichkeiten, attraktive Gehälter und Sozialleistungen gesteigert wird und die zudem auf persönlicher Ebene Wertschätzung erhalten, sind die besten Kandidaten für Empfehlungsäußerungen gegenüber Freunden und Bekannten. Außerdem sollten Unternehmen zunehmend Wert auf zielgruppenadäquate Ansprachen legen. Da sie auf einem Arbeitnehmermarkt agieren, gewinnt die individuelle Ansprache von Kandidaten immer mehr Bedeutung. Dabei hat es bereits eine große Wirkung, Stellenausschreibungen mit Jobmerkmalen zu füllen, die für die gewünschte Zielgruppe von besonderem Interesse ist. So möchte zum Beispiel ein Berufseinsteiger schneller etwas zu den Weiterbildungsmöglichkeiten eines Unternehmens wissen, als es vielleicht ein bereits gestandener Kandidat mit vielen verschiedenen Qualifikationen wissen möchte. Deshalb müssen Unternehmen sich bei einer Stelle zunächst darüber bewusstwerden, welche Zielgruppe angesprochen werden soll, um entsprechend eine Zielgruppenanalyse durchzuführen und ihre Personalbeschaffungsmaßnahmen dahingehend auszurichten. Darüber hinaus kommen Organisationen angesichts des allseits bekannten demografischen Wandels und des Fachkräftemangels nicht daran vorbei, Active Sourcing zu betreiben. Erfahrungen aus der Praxis haben gezeigt, dass besonders latent Jobsuchende vorwiegend einen Arbeitgeberwechsel betreiben, weil sie Stellen individuell von Unternehmen angeboten bekommen. Da viele qualifizierte Mitarbeiter bereits in Arbeit sind und dementsprechend häufig selbst nicht nach Stellen suchen, haben sie zahlreiche Unternehmen mit ihren vakanten Stellen nicht auf dem Radar. Dieses Wissen können Unternehmen nutzen und aktiv auf die Suche nach passendem Personal gehen. Durch die Betrachtungen ist deutlich geworden, dass besonders geeignete Kanäle für Individualansprachen Social-Media-Plattformen wie Xing, Twitter, LinkedIn und Facebook sind.

6.2 Handlungsempfehlungen und Ausblick

Das Ziel dieser Bachelorthesis bestand u.a. darin, eine aktuelle Übersicht über das E-Recruiting und seiner Kanäle zu geben und diese kritisch zu beleuchten. Dieses Ziel wurde erreicht, indem die meistgenutzten Formen dieser Kanäle dargestellt und diese hinsichtlich ihrer Vor- und Nachteile sowohl aus Sicht der Arbeitgeber als auch der Arbeitnehmer beleuchtet wurden. Aus dieser Betrachtung und unter Einbezug der aktuellen Studien und Expertenmeinungen lassen sich im Folgenden Handlungsempfehlungen ableiten.

6.2.1 Handlungsempfehlungen für Unternehmen

Unternehmen sollten angesichts des zunehmenden War for Talents einen strategischen Planungshorizont für die Besetzung ihrer personellen Kapazitäten einrichten. Da qualifizierte Erwerbspersonen nicht immer zeitnah zur Verfügung stehen, muss nicht nur der aktuelle Personalbedarf ermittelt, sondern vielmehr schon heute antizipiert werden, welche Stellen und Jobprofile künftig für das Unternehmen relevant sein könnten. Außerdem müssen Aspekte wie Fluktuation, anstehende Pensionierungen sowie Branchen- und Technologieveränderungen im Blick behalten werden. Um eine adäquate strategische Personalplanung zu realisieren, muss den Personalbeauftragten jedoch zunächst kommuniziert werden, welche langfristigen Ziele das Unternehmen hat. Da sich der Arbeitsmarkt in den letzten Jahren von einem Arbeitgeber- zu einem Arbeitnehmermarkt entwickelt hat, ist es außerdem von Bedeutung, die Bedürfnisse und Anforderungen der Kandidaten in den Vordergrund des Rekrutierungsprozesses zu stellen. Dabei ist es nicht nur wichtig, dass der potenzielle Mitarbeiter eine kurze, professionelle Candidate Journey hat, sondern auch, dass bereits in der Strukturierung der Stelle auf attraktive Konditionen wie flexible Arbeitszeitmodelle und Weiterbildungsmöglichkeiten geachtet wird und diese unter Beachtung der jeweiligen Zielgruppe in den Stellenausschreibungen und in der Direktansprache kommuniziert werden. Dies muss natürlich immer unter Beachtung der betrieblichen Gegebenheiten stattfinden und entsprechend umsetzbar sein. Keinesfalls sollten Unternehmen die Bewerber mit Konditionen locken, welche nicht realisierbar sind.

Bei der Betrachtung des Themas Mobile Recruiting ist eine weitere Handlungsempfehlung entstanden: Unternehmen müssen aufgrund der steigenden Nutzung von Smartphones durch die Generationen Y und Z vermehrt ihre Unternehmenswebsites und Bewerbungsprozesse auf die kleinen Screens der Mobiltelefone ausrichten. Zudem könnten sie in ihren Applikationen eine Art Bewerbungsstatus einbauen, der, ähnlich wie beim Tracking eines Pakets, anzeigt, in welchem Stadium sich die Bewerbung derzeit befindet. Dies würde maßgeblich zur Transparenz des Bewerbungsprozesses beitragen.

Weiterhin ist es für Unternehmen empfehlenswert, in innovative Rekrutierungstechnologien zu investieren, um eine Optimierung ihres Recruiting zu erreichen. Dabei sollte zum einen großes Augenmerk auf berufliche Karrierenetzwerke und andere Social-Media-Kanäle gesetzt werden, zum anderen sollten aber auch vermehrt Investitionsentscheidungen hinsichtlich KI-Implementierungen getroffen werden. Die Softwaretools, die mit Künstlicher Intelligenz arbeiten, können vor allem unterstützend für Routinearbeiten im Recruiting eingesetzt werden. Hierbei ist eine entsprechende Schulung der Recruiter anzuraten, um diese Tools optimal zu nutzen. So können Recruiter künftig mehr Zeit in die Individualansprache und in andere wichtige Kernaufgaben, wie dem Aufbauen eines Kandidatennetzwerkes, investieren. Mit Kandidaten in Kontakt zu bleiben, ihre Bedürfnisse zu verstehen und Kommunikationsstile sowie -plattformen zu kennen, wird künftig unabdingbar für professionelle Rekrutierung sein.

Um die genannten Dinge umsetzen zu können, sollten Unternehmen ihr Rekrutierungspersonal ausreichend schulen, da das Recruiting zukünftig immer mehr zu einer Aufgabe werden könnte, die von Arbeitnehmern mit der entsprechenden Expertise und weniger häufig von ungeschultem Personal durchgeführt werden muss.

6.2.2 Handlungsempfehlungen für Kandidaten

Für die Kandidaten entstehen aus der Betrachtung in dieser Arbeit ebenfalls Handlungsoptionen, wenn auch zahlenmäßig geringere. Zwar agieren sie aufgrund der Wandlung zu einem Arbeitsmarkt, der dominiert wird von Arbeitnehmern, aus einer guten Verhandlungsposition heraus, dennoch ist es möglich, dass sie übersehen oder versehentlich aussortiert werden. Um dem entgegenzuwirken, können sie zunächst ihre Profile individuell gestalten und mit aussagekräftigen Informationen über sich und ihre beruflichen Erfahrungen füllen. Diese müssen dann mit gehaltvollen Stichworten versehen und in den Kandidatennetzwerken verbreitet werden, damit Recruiter unter Zuhilfenahme ihrer Softwares die potenziellen Mitarbeiter besser finden können.

Außerdem können Kandidaten, die wenig internetaffin sind, sich entsprechend schulen lassen, um mit den wichtigsten beruflichen Plattformen umgehen zu können. So würde sich der Ausschluss bestimmter Zielgruppen minimieren.

Grundsätzlich gilt für die Kandidatenseite genauso wie für die Arbeitgeberseite: Wer die Möglichkeiten des E-Recruiting und seiner Kanäle nicht nutzt, läuft Gefahr den Zug zu verpassen, der enorme berufliche Möglichkeiten mit sich bringt.

6.2.3 Ausblick

Für die Zukunft ist sehr wahrscheinlich, dass einige Nachteile des E-Recruiting wie eine teilweise geringere Individualität oder das Untergehen in der Masse erkannt und ausgemerzt bzw. minimiert werden. Dazu können mitunter die oben genannten Handlungsempfehlungen und Hinweise in der Beantwortung der Forschungsfragen dienen. Da die Rekrutierung mithilfe des Internets bereits zum aktuellen Zeitpunkt große Vorteile mit sich bringt und diese angesichts der steigenden Nutzung die Nachteile überwiegen, ist es höchstwahrscheinlich, dass neue Kanäle hinzukommen und vorhandene ausgebaut werden. Außerdem ist aufgrund des momentanen Sachverhaltes, dass Unternehmen aus eigener Sicht zwar noch zu wenig über Künstliche Intelligenz wissen, jedoch durchaus bereit sind zukünftig in diese zu investieren, der Trend in Richtung innovativer Rekrutierungstechnologien zu erkennen. Diese Annahme festigt sich durch die erhebliche Nutzungszunahme sozialer Medien. Wer in der Zukunft die Kanäle des E-Recruiting ausschöpft und ein beständiges berufliches Netzwerk schafft, dürfte in der Kandidaten- und Jobsuche gut aufgestellt sein.

6.2.4 Kritische Reflektion

In der Bearbeitung dieser Bachelorthesis ist aufgefallen, dass diese durchaus ihre Grenzen hat und Schwächen aufweist. Da es sich um eine Sekundärforschung handelt, war die Gewinnung neuer Erkenntnisse schwierig, da die Betrachtungen auf bereits gewonnen Erkenntnissen basieren. Jedoch konnte durch diese Betrachtung zur Entwicklung von Handlungsempfehlungen beigetragen werden. Der Unterschied zu anderen Arbeiten und der genutzten Literatur besteht zunächst in der zusammenfassenden Präsentation aus aktuellen Studien und bereits verbreiteten Kenntnissen bezüglich der Instrumente und der Vor- und Nachteile des E-Recruiting. Grundsätzlich bleibt der Forschungsbedarf in Form einer Primärforschung bestehen.

Literaturverzeichnis

Bärmann, Frank: Social Media im Personalmanagement, Facebook, Xing, Blogs, Mobile Recruiting und Co. erfolgreich einsetzen, 1. Auflage, Verlagsgruppe Hüthig Jehle Rehm GmbH, Heidelberg, München, Landsberg, Frechen, Hamburg 2012.

Beck, Christoph: Professionelles E-Recruitment, Strategien, Instrumente, Beispiele, Luchterhand-Verlag, Neuwied 2002.

Bernecker, Michael/Beilharz, Felix: Social Media Marketing, Strategien, Tipps und Tricks für die Praxis, 2. korrigierte Auflage, Johanna-Verlag, Köln 2012.

Berthel, Jürgen/ Becker, Fred G.: Personal-Management, Grundzüge für Konzeptionen betrieblicher Personalarbeit, 8. und 9. vollständig überarbeitete Auflage, Schäffer-Poeschel-Verlag, Stuttgart 2007/2010.

Bröckermann, Reiner: Personalwirtschaft, Lehr- und Übungsbuch für Human Resource Management, 5. überarbeitete Auflage, Schäffer-Poeschel-Verlag, Stuttgart 2009.

Buckmann, Jörg (Hrsg.): Einstellungssache: Personalgewinnung mit Frechmut und Können, Frische Ideen für Personalmarketing und Employer Branding, Springer Fachmedien, Wiesbaden 2013.

Dincher, Roland: Personalmarketing und Personalbeschaffung, 3. Auflage, Forschungsstelle für Betriebsführung und Personalmanagement e.V., Neuhofen 2013.

Gmür, Markus/Thommen Jean-Paul: Human Resource Management, Strategien und Instrumente für Führungskräfte und das Personalmanagement, 4.überarbeitete und erweiterte Auflage, Versus Verlag AG, Zürich 2014.

Hartmann, Michaela (Hrsg.): Rekrutierung in einer zukunftsorientierten Arbeitswelt, HR-Aufgaben optimal vernetzen, Springer Fachmedien, Wiesbaden 2015.

Hentze, Joachim/Kammel, Andreas: Personalwirtschaft 1, 7. überarbeitete Auflage, UTB Bern, Stuttgart, Wien 2001.

Jäger, Wolfgang/Teetz, Ingolf: Schwerpunkt Personalmarketing und Recruiting, in: Personalführung, Das Fachmagazin für Personalverantwortliche, Ausgabe 06/2019.

Literaturverzeichnis

Jung, Hans: Personalwirtschaft, 9. verbesserte Auflage, Gruyter de Oldenburg-Verlag, München 2011.

Kanning, Uwe Peter: Personalmarketing, Employer Branding und Mitarbeiterbindung, Forschungsbefunde und Praxistipps aus der Personalpsychologie, Springer-Verlag, Berlin Heidelberg 2017.

Klaffke, Martin: Erfolgsfaktor Generationen-Management - Handlungsansätze für das Personalmanagement in: Klaffke, Martin (Hrsg.), Generationen Management, Konzepte, Instrumente, Good-Price-Ansätze, Springer Gabler Verlag, Wiesbaden 2014.

Knapp, Eckhard: Rekrutierungsmanagement, Erfolgreiche Mitarbeitergewinnung für Unternehmen, Erich Schmidt Verlag GmbH & Co. KG, Berlin 2017.

Lehnen, Cliff/Siemann, Christiane: Wie Sie die begehrtesten Köpfe gewinnen und binden, in: Personalwirtschaft, Das Magazin für den Job HR, 04/2019, S. 23-37.

Mandel, Schewa (Hrag.)/Ruedel, Cornelia: E-Assessment, Einsatzszenarien und Erfahrungen an Hochschulen, Medien in der Wissenschaft, Waxmann Verlag GmbH, München, Berlin 2010.

Meyer-Ferreira, Peter: Human Capital strategisch einsetzen, neue Wege zum Unternehmenserfolg, 2. aktualisierte und erweiterte Auflage, Luchterhand Verlag, Köln 2015.

Oertel, Jutta, Baby Boomer und Generation X – Charakteristika der etablierten Arbeitnehmer-Generationen, in: Klaffke, Martin (Hrsg.), Generationen Management, Konzepte, Instrumente, Good-Price-Ansätze, Springer Gabler Verlag, Wiesbaden 2014.

Olfert, Klaus (Hrsg.): Personalwirtschaft, Kompakt-Training – Praktische Betriebswirtschaft, 7. Auflage, Kiehl-Verlag, Herne 2011.

Petry, Thomas/Vaßen, Martin: Personalmarketing 2.0, State of the Art, Praxisbeispiele und Erfolgsfaktoren, in: Rosenberger, Bernhard (Hrsg.), Modernes Personalmanagement, strategisch-opterativ-systemisch, Springer Gabler Verlag, Wiesbaden 2014.

Rehm, Florian: Web 2.0 im Bereich der Personalbeschaffung, Rainer Hampp Verlag, München und Mering 2014.

Rohrlack, Kirsten: Personalbeschaffung – kompakt, Rainer Hampp Verlag, München, Mering 2012.

Scholz, Christian: Generation Z, Wie sie tickt, was sie verändert und warum sie uns alle ansteckt, Wiley-VCH, Weinheim 2014.

Scholz, Christian (Hrsg.): Vahlens Großes Personallexikon, Vahlen-Verlag, München 2010.

Stähler, Gerhard/Apel, Wolfgang: Strategien internationaler Personalbeschaffung, Personalplanung/Rekrutierungs- und Auswahlverfahren/ Mitarbeiterintegration/ rechtliche Grundlagen, Schäffer-Poeschel Verlag für Wirtschaft/Steuern/Recht GmbH, Stuttgart 2015.

Stock-Homburg, Ruth: Personalmanagement, 2. Auflage, Springer Gabler Verlag, Wiesbaden 2010.

Trost, Armin: Talent Relationship Management, Competitive Recruiting Strategies in Times of Talent Shortage, Springer-Verlag Berlin, Heidelberg 2014.

Ullah, Maïté/ Ullah, Robindro: Erfolgsfaktor Candidate Experience, Der Perspektivwechsel im Recruiting, Schäffer-Poeschel-Verlag für Wirtschaft/Steuern/Recht GmbH, Stuttgart 2015.

Ullah, Robindro/ Witt, Michael: Praxishandbuch Recruiting, Grundlagenwissen, Prozess-Kow-how, Social Recruiting, Schäffer-Poeschel-Verlag für Wirtschaft/Steuern/Recht GmbH, Stuttgart 2015.

Unternehmen richten Recruitingprozesse weiter auf die Anforderungen von Bewerbern aus, in: Personalführung, Das Fachmagazin für Personalverantwortliche, Ausgabe 06/2019

Quellenverzeichnis

https://www.arbeits-abc.de/e-recruiting/#2 Zugriff am 24.06.2019

https://www.keeunit.de/blog/best-practice-social-media-recruiting/ Zugriff am 01.07.2019

https://www.Daimler.com/konzern/ Zugriff am 01.07.2019

https://www.haufe.de/personal/hr-management/robot-recruiting_80_484436.html Zugriff am 15.07.2019

Uni Bamberg (2017) Recruitingtrends 2017, Themenspecial Mobile Recruiting in: https://www.uni-bamberg.de/fileadmin/uni/fakultaeten/wiai_lehrstuehle/isdl/1_Mobile_Recruiting_20170210_WEB.pdf Zugriff am 30.06.2019

https://www.absolventa.de/karriereguide/gespraech/skype-interview Zugriff am 12.07.2019